A BUDAPESTI
ZSIDÓ MÚZEUM

A BUDAPESTI
ZSIDÓ MÚZEUM

Szerkesztette:
Benoschofsky Ilona
és Scheiber Sándor

Corvina

Írták:
Benoschofsky Ilona, Scheiber Sándor,
P. Brestyánszky Ilona, F. Dózsa Katalin, Deák Dénes
A felvételeket Szelényi László készítette
A könyvet Kozma Miklós tervezte

ISBN 963 13 2350 1

TARTALOM

A MÚZEUM TÖRTÉNETE

Magyarország fennállásának ezredik évfordulóját 1896-ban nagy kiállítás rendezésével ünneplik. A kiállításon az egyházak bemutatják műtárgyaikat, köztük a zsidóság 90 darabbal képviselteti magát. Ez a szám voltaképpen nem kevés, de a bemutatott tárgyak sora nagyon is szegényes. Nincs igazán régi darab, és ha néhányat a kiállítás rendezői réginek állítanak is be, ez többnyire nem felel meg a valóságnak. A művészi kivitelezésű tárgy is kevés. Egy, a kiállításról szóló beszámoló[1] hosszan foglalkozik azzal, vajon miért nincs igazán régi és igazán művészi kegytárgya a zsidóságnak. Tény, hogy a „ne csinálj magadnak faragott képet!" bibliai parancsát a középkori és újkori zsidóság évszázadokon keresztül félreértette, és ez a zsidó művészet alakulását rendkívüli módon gátolta; valóban nem készítettek „faragott képet", sem szobrot, sem festményt. Nem kevésbé lényeges, hogy még azok a régi magyarországi hitközségek is, amelyek történetüket sok száz évre vezethetik vissza, a zsidóüldözések következtében időről időre megszűntek, zsinagógájuk elpusztult, kegyszereik eltűntek.

A millenniumi kiállításra hitközségek is, magánszemélyek is beküldenek tárgyakat. A rendezők azonban – nem tudni, miért – a silányabbakat állítják ki, a becsesebbeket utasítják vissza. Néhány jelentős darab szerepel ugyan, mint például Schulhof Izsák kézirata. Schulhof jelen volt Budának a töröktől való felszabadításakor, majd visszaemlékezéseiben leírta a harcok krónikáját, a budai zsidóság és a maga sorsát.[2] De a kiállított tárgyak többsége formájában is, kivitelében is csaknem kezdetleges.

A kiállításról szóló másik beszámoló[3] is hangsúlyozza, hogy Magyarországon valóban nincsenek sok száz éves kegyszerek. Mert nemcsak az tény, hogy a régi zsinagógák elpusztultak, de ezeknek felszereltsége is – a szerző szerint – nagyon kezdetleges volt.

A millenniumi kiállítás előtt egy ízben már láthatott a nagyközönség zsidó kegytárgyakat a Magyar Történeti Ötvösmű Kiállításon 1884-ben. Úgy tűnik azonban, hogy ez a nagyon korai és első zsidó kegytárgy-kiállítás kisebb visszhangot keltett, mint az 1896-os. A millenniumi kiállítás zsidó anyaga, bármily kezdetleges tárgyakat mutatott is be, múzeumunk szempontjából rendkívül fontos és jelentős szereppel bírt. A második beszámoló szerzője, Szabolcsi Miksa, az *Egyenlőség* című népszerű hetilap szerkesztője volt. Szabolcsinak éppen a millenniumi kiállítással kapcsolatban jut eszébe egy zsidó múzeum felállításának a terve. Felmerül benne a gondolat, hogy mindazt, amit a kiállítás bemutatott és mindazt, amit visszautasított, együtt kellene tartani. „A kiállított és ki nem állított, de beküldött darabok, bármely szegények is vagyunk a múltra vonatkozó adatok dolgában, *együtt* megbecsülhetetlen anyagot tartalmaznak történetünkre nézve. Az érdekesebb és becsesebb rész: kéziratok, okmányok, könyvek szétszóródtak, még mielőtt összekerültek volna, és ami kiállításra került, szét fog szóródni pár hét múlva – pedig oly szegények vagyunk adatok dolgában! *Hátha együtt lehetne tartani, ami együtt van, és bővíteni azzal, ami kiállításra nem került."* Majd még konkrétabban: „Teremtsünk egy zsidó gyűjtemények tárát, melynek a kiállított és beküldött, de visszautasított (ismételjük: ez a becsesebb rész) tárgyak képezzék a törzsét, és melyet szaporítani, gazdaggá és híressé tenni a jövő föladata."

Szabolcsi a továbbiakban abban bízik, hogy ki fog nyílni „nem egy zárt szekrény, hol becses zsidó régiségeket őriznek, melyeket a kiállításra nem küldtek el, de a zsidó múzeumnak készséggel átengednek".[4] Itt említi Szabolcsi először a Budapesten létesítendő zsidó múzeum kifejezést és tervet.

A cikkre sokan és élénken reagálnak. Közülük legfontosabb Büchler Sándor cikke.[5] „Kétség nem fér hozzá – írja –, hogy üdvös intézmény volna a zsidó múzeum, melynek haszna nemcsak abban állana, hogy a kiállított tárgyak szemléltetőleg bemutatnák a magyar zsidók történetét, hanem főképp azt a fontos célt szolgálná, *hogy a magyar zsidóságban a történeti érzéket fölkeltse."*

Büchler a továbbiakban arról számol be, hogy mennyi komoly értéke pusztul el a magyar zsidóságnak. Régi ritka sírkövekből temetőkerítést építenek, hitközségek fontos iratanyagai vegyeskereskedések polcaira kerülnek, zsinagógák ötvösremekei pusztulnak apró hitközségekben, és egyetlen olyan hitközség sincs az egész ország területén, amelynek rendezett irattára lenne. A létesítendő zsidó múzeum legfontosabb célját éppen abban látja, hogy a hitközségek és az egyes emberek érdeklődését a magyar zsidó múlt iránt felkeltse, hogy értékeit gyűjtse, őrizze, megbecsülje.

Szól az óbudai hitközség irattáráról is, amely a XVIII. század végétől a XIX. század közepéig együtt tartja a hitközség történetét. Ha a hitközség ezt a felbecsülhetetlen értékű forrásanyagot a zsidó múzeumban helyezné el, biztos, hogy buzdítólag hatna a többi hitközségre is.

A két cikk – Szabolcsi Miksáé, aki a vallási tárgyak gyűjtését és bemutatását szorgalmazza, és emellett Büchler Sándoré, aki a kútfők, a történeti iratanyag gyűjtését és bemutatását javasolja – nyomán voltaképpen összeáll a terv egy magyar zsidó vallási és történeti múzeum létesítéséről és feladatáról. Bár forrást nem tudunk idézni, kétségtelen, hogy ez a terv benne élt a zsidóság tudatában, sőt már a gyűjtés is megkezdődött, amikor a magyar zsidóság legrangosabb kulturális szervezete, az Izraelita Magyar Irodalmi Társulat (IMIT)[6] 1909 decemberében ülést tart. Az ülésen dr. Mezey Ferenc, a zsidóság legfelsőbb testületének, a Magyar Izraeliták Országos Irodájának titkára, a következő indítványt terjeszti elő: „Tekintettel arra, hogy a zsidóság történetére, szellemi életére, vallási kultuszára, hagyományára és művészi érzékére vonatkozó jellemző emlékek, szertartási tárgyak, kiválóbb régi művek, képmások, ötvösmunkák és okiratok szakszerű gyűjtése és a gyűjteményeknek szemléltetése nemcsak vallásfelekezeti, hanem *általános* művészeti és kulturális érdek, tekintettel továbbá arra, hogy a hazai zsidó hitfelekezet életével összefüggő hasonló gyűjtemény létesítése nemzeti közművelődési szempontból is kiváló jelentőséggel bír, figyelemmel arra, hogy ily gyűjteménynek létesítése iránt az óhaj hitfelekezetünkben már megnyilatkozott, hogy egyesek kiváló szakértelemmel a gyűjtést már meg is kezdték, sőt hogy művelt köreinkben az eszme máris visszhangra és áldozatkészségre talált, úgyhogy e téren immár a céltudatos intézkedés ideje elérkezettnek mutatkozik: mondja ki az Izraelita Magyar Irodalmi Társulat, hogy tevékenységét a jelzett irányban kiterjesztvén, zsidó múzeumot és evégből külön alapot létesít, hogy továbbá ez ügynek intézésére külön bizottságot alkot, elhatározván egyúttal, hogy a társulat alapszabályai ez új alkotásra való tekintettel a legközelebbi közgyűlésen megfelelő módon kiegészíttessenek."[7]

Az IMIT igazgatósága az indítványt elfogadja, és elhatározza a múzeumbizottság felállítását. Ennek elnöke Székely Ferenc bankigazgató, a zsidó kulturális élet kimagasló alakja, társelnöke az indítványt benyújtó dr. Mezey Ferenc. A bizottság tagjai: Alexander Bernát filozófiai és esztétikai író, egyetemi tanár; Bacher Vilmos orientalista, az Országos Rabbiképző Intézet tanára, majd igazgatója; Bánóczi József filozófiai író és irodalomtörténész, a budapesti tudományegyetem tanára, a Magyar Tudományos Akadémia levelező tagja, az Izraelita Tanítóképző Intézet igazgatója; Blau Lajos talmudtudós, az Országos Rabbiképző Intézet tanára, majd Bacher halála után igazgatója; Fabó Bertalan zenetörténész, a régi magyar zene kutatója, később a múzeum első őre és a múzeum katalógusának egyik szerkesztője; Fényes Adolf festőművész; Keszler József esztéta és kritikus, hírlapíró, a budapesti Tanárképző Intézetben a francia nyelv és irodalom tanára; Kohlbach Bertalan rabbi, középiskolai tanár, számos tudományos folyóirat munkatársa; Kohner Adolf nagybirto-

Zsidó sírkő a III. századból. Lelőhelye: Esztergom. Mészkő. 75 × 48 cm. Ltsz.: 64.1963

kos és nagyiparos, a Magyar Izraeliták Országos Irodájának elnöke, műgyűjtő; Lajta Béla építész; Mahler Ede asszirológus-egyiptológus, egyetemi tanár; Mandl Bernát pedagógus és történetíró, a magyar zsidóság történetének kutatója; Marczali Henrik történetíró, egyetemi tanár, a Magyar Tudományos Akadémia tagja; Spitzer Mór községkerületi elnök; Stiller Mór jogtudós, szakszerkesztő, számos tanulmány szerzője; Surányi Béla; Szabolcsi Miksa író, szerkesztő, a tiszaeszlári vérvádper egyik leleplezője; Telcs Ede szobrászművész; Venetianer Lajos főrabbi, történetíró, az Országos Rabbiképző Intézet tanára.[8]

Nemcsak a bizottság szellemi rangja fontos, hanem az a tény is, hogy a beválasztottak legtöbbje tagságát nem csupán címnek tekinti, hanem tevékenyen munkálkodik a múzeum felállításán és felvirágoztatásán.

Alig telik el néhány nap, és a bizottság indítványt terjeszt az IMIT választmányi ülése elé. Megfogalmazzák a múzeum feladatait. Többek között a következőket mondják ki: „Igazgatásunk a társulat vezetőségének akart megfelelni, mikor egy országos zsidó múzeum tervét felvetette és a megvalósulás útjára bocsájtotta. Vallásos életünknek a hajdani nemzeti múltból megmaradt emlékeit, történelmi küzdelmeinek, szellemi mozgalmainak elszórt tanulságait összegyűjteni és megőrizni, hogy ezzel is a zsidó lélek teremtő erejét demonstrálja a múltban és sarkallja a jelenben, és hogy tudományos életünknek egy hiányzó, de jelentőségénél fogva megteremteni való alkotásra adjon lendületet.

Ez az intézmény tudományos hasznán felül kettős eredménnyel biztathat: tényezője lehet ebben az országban a múltunkat és törekvéseinket nem ismerők előtt a zsidóság megbecsülésének és istápolója a felekezetünkhöz tartozók önérzetének. De mindenekelőtt tiszteletreméltó és maradandó alkotása zsidóságunknak, a zsidó áldozatkészségnek és szellemi törekvéseinek, mely általánosan tudományos és művészi jelentőségével a nemzeti művelődés épülő falaiba mélyen beékelődik."[9]

Ekkor tehát még nincs szó arról, hogy a múzeum önálló intézmény legyen, a tervekben még teljességgel az IMIT alkotása és szerve. Amint jelezték, módosítják az IMIT alapszabályait is, és azt a múzeumra vonatkozó három ponttal egészítik ki, beiktatva a következő szöveget: „a magyar zsidóság történetére, szellemi életére, vallási kultuszára vonatkozó tárgyak, képek és okiratok gyűjtése, egy erre szolgáló múzeum alapítása, fenntartása" az IMIT feladatai közé tartozik. A fenntartás költségei részben magát az IMIT-et terhelik, de terveznek egy külön múzeumi alap felállítását, és végül kimondják, hogy a létesítendő múzeum tárgyi vagyona – azaz maga a gyűjtemény – az IMIT letétjeként kezelendő.

Az újonnan megalakult Múzeum Bizottság felhívást bocsát ki:

„A Magyar Zsidó Múzeum Bizottságtól Budapesten
Felhívás Magyarország zsidó hitű polgáraihoz.

Az Izraelita Magyar Irodalmi Társulat elhatározta, hogy Budapesten Magyar Zsidó Múzeumot létesít.

A társulat eme határozata kulturális törekvéseinek messzi időkre ható és kimagaslóan értékes intézménnyel óhajt Magyarországon újabb emléket állítani.

A zsidóság felekezeti alkotásait mindig a nemzeti célok szolgálatába állította, és nemzete iránt kötelességeit a tudományok és művészetek lelkes támogatásával is mindig lerótta. A Magyar Zsidó Múzeum is olyan intézménynek készül, mely felekezeti vonatkozásain kívül általánosan tudományos értékével a nemzeti kultúra gazdagodását is jelenti.

A múlt zsidóságának lelkét van hivatva közkinccsé tenni a zsidó múzeum. A zsidó szellemi élet ősi voltával kell magyarázni a zsidóság haladó szellemi tevékenységét és ékesen tanúsítania sokszor vádolt felekezetünknek termékeny és nemzeti szempontból is elsősorban értékelni való munkásságát.

A múzeum célja az lesz, hogy összegyűjtse azokat a tárgyakat, melyek bármiféle vonatkozásban vannak a történelmi zsidósággal.

A múzeum egyelőre az IMIT keretén belül létesül, annak alapszabályai szerint áll fenn és működik, de fenntartására külön évi járulékok igénybevétele szükséges. A múzeumnak külön is tagja lehet mindenki, aki a múzeum alapját adományokkal, alapítványokkal vagy meghatározandó évi járulékkal gyarapítja. A múzeum szervezésére az Izraelita Irodalmi Társaság kebeléből múzeumi bizottságot küldött ki.

Ez a bizottság a reá váró feladatnak lelkesedéssel áll szolgálatába, és bízik abban, hogy a hazai zsidóság áldozatkészségéhez nem hiába folyamodik. A bizottság felhívja a magyar zsidóság minden tagját, hogy a múzeum létesítését tegye lehetővé, lépjen be a múzeum tagjainak sorába, évi járulékkal, adománnyal vagy alapítvánnyal gazdagítsa a múzeum alapját, és ha van birtokában régiség, ereklye, emlék, mely a zsidóság múltjából származik, melynek a zsidóságra történelmi, tudományos vagy művészi vonatkozása van: tulajdonul vagy letétképpen bocsássa a Magyar Zsidó Múzeum rendelkezésére. A bizottság a legcsekélyebb adományt és tárgyat is hálás köszönettel fogadja, és felhív mindenkit arra, hogy körében a múzeum alapjának

9

mentől több adományt szerezzen. A bizottság különösen hangsúlyozza, hogy azokat a tárgyakat, melyeket tulajdonosaik csak letétképpen kívánnak elhelyezni a múzeumban, egyszer s mindenkorra mint a letevők jogutódai *tulajdonát fogja megjelölni és megőrizni.*

Mikor így egy jelentőségében s felekezetünk kultúrérdekében az eddigieknél is nagyobb intézmény megalkotásába fogunk, munkánkat az a reménység sarkallja, hogy hazánk zsidósága, mint már annyiszor, úgy most is megérti és áldozatkészségével támogatni fogja törekvésünket. A magyar zsidóságnak rajta kell lennie, hogy mentől számosabb alkotással gyarapítsa érdemeit nemzetének szellemi mozgalmaiban, s felekezeti önérzetét, hagyományaihoz, szelleméhez ragaszkodását messzire ható intézményével bizonyítsa.

A Magyar Zsidó Múzeum ügyét a felekezet minden tagjának szeretetébe ajánljuk.
Budapesten, 1910. május havában.

A MAGYAR ZSIDÓ MÚZEUM
BIZOTTSÁGA"[10]

A felhívás a továbbiakban a felajánlások módját közli, majd azzal fejeződik be, hogy a múzeum ügyeire vonatkozó levelek és küldemények a bizottság titkárához (dr. Mezey Sándor ügyvéd, Budapest, V., Sas [ma Guszev] utca 6.) küldendők.

A felhívás eredményeképpen néhányan a bizottságba jelentős összeggel, alapító tagként, mások kisebb összeggel pártoló tagként lépnek be. A rendes tagok sorába hitközségek is jelentkeznek. Bár nem nagy számban, de egyszeri adományok és kisebb-nagyobb értékkel bíró tárgyak is érkeznek. A legértékesebb kétségkívül a Pesti Chevra Kadisa egyelőre még letétként kezelendő gyűjteménye: az intézmény a birtokában lévő összes kegyszert a múzeumban kívánja elhelyezni.[11] Ezek a kegyszerek ma is a múzeum legbecsesebb tárgyai közé tartoznak.

Az elkövetkezendő években tovább folyik a tárgyak gyűjtése. A Magyar Zsidó Múzeum bizottságának az 1911-es évről szóló jelentésében például a következő olvasható: „A lefolyt esztendő tanúsága arra mutat, hogy múzeumunk gondolata felekezetünk közönségében mélyebbre verte gyökerét, ami törekvésünk egészséges és életrevaló voltát annál inkább bizonyítja, mert hiszen agitációnkat a kellő eszközök híján eddig a kívánatos mértékben ki se fejthettük. Az elért eredmények azonban további munkára biztathatják bizottságunkat, mert gazdag és örvendetes sikerek biztosítékainak látszanak."[12]

1913 februárjában a zsidó tanítókhoz intéznek felhívást:

„FELHÍVÁS:
Igen tisztelt Kartárs Úr!

A magyar zsidóság kulturális alkotásaihoz nemsokára egy új intézmény sorakozik, mely hivatva lesz a zsidóság múltjában szereplő jellemzően kulturális és folklorisztikus tárgyakat összegyűjtvén, azokat tiszteletet és tanulságot terjesztő módon állandóan bemutatni.

Ez az intézmény a létesülés már igen előrehaladott stádiumában levő Magyar Zsidó Múzeum lesz.

E múzeumba való tárgyak felkutatására és megszerzésük közreműködésére az előkészítő bizottság leghivatottabbaknak a zsidó tanítókat jelentette ki, kik a rabbik mellett a magyar zsidók jelen és múlt életének legéberebb megfigyelői és legalaposabb ismerői.

Mint ezen előkészítő bizottság tagja és annak megbízásából fordulok tehát kollegiális bizalommal az igen tisztelt Kartárs Urakhoz azon kérelemmel, szíveskedjenek a gyűjtésben azzal segédkezet nyújtani, hogy amennyiben tudomásuk volna egyesek, családok vagy testületek birtokában lévő muzeális tárgyakról, melyek állandó kiállít.sunk számára ajándékba kaphatók vagy pénzen megszerzendők lennének, erről nagys. dr. Mezey Ferenc kir. tanácsos urat (VI., Laudon ma [Káldy Gyula] utca 3.) vagy alulírott levélben a tárgyak lehetőleg pontos és részletes leírásával értesíteni, hogy annak megszerzése végett a kartárs urakkal együtt a kellő lépéseket megtehessük.

Hogy a Kartárs Urak a kiszemelendő tárgyakról könnyebben tájékozódhassanak, idecsatoljuk a zsidó múzeumba való tárgyak jegyzékét.

Hazafias, hittestvéri és kartársi üdvözlettel

Mandl Bernát
VII., Wesselényi utca 44."[13]

A fenti szövegből értelemszerűen következik, hogy hasonló felhívást az ország rabbijai is kaptak, ez a felhívás azonban a múzeum irattárában nem maradt fönn.

A felhívás szövegénél is fontosabb talán, hogy Mandl közli, milyen fajta tárgyak megszerzésére van a múzeumnak szüksége:

Mátyás és Beatrix bevonulása Budára 1476-ban. A zsidók tóratekerccsel és a Tízparancsolat kettős kőtáblájával várják a királyt. A zsidók küldöttségét Jacobus Mendel prefektus vezeti.
Vizkelety Béla kőrajza után. 30 × 40 cm. Ltsz.: 64.1775

„Zsinagógiai szertartási tárgyak: *Régi, vagy művésziesen készített: függöny, asztalterítő, tórafák, tóraköpenyek, pólya, tóra ezüstdísz: korona, pajzs, csengettyűs tornyocskák, mutató fém-, csont- vagy fából, megilla-tok, sófár, kiddus-serleg, fűszerszelence, havdala gyertyatartó, menóra, levita-mosdótál és korsó, chuppa, mátka-főkötő, komaszék zsámollyal, móhelkés, chalica cipő stb.*
Családi szertartási tárgyak: *szombati lámpa, kiddus-serleg, barchesz takaró, slachmonesz tál, szukka-dísztárgyak, mezuzatok stb.*
Néprajzi tárgyak felirattal vagy véséssel: *pecsétnyomók, gyűrűk, amulettek, pörgettyűk, chevra-korsók, pénzadománygyűjtő csészék vagy tálcák, hámán-kereplők, héber feliratú sétabotok, pénzdarabok, pidjánérmék és egyéb zsidó tárgyú emlékérmék.*
Grafikai tárgyak: *Tóra, megilla, haggada, siviszi és mizrach tábla, régi eljegyzési és házassági szerződés, bizonyítvány, a földesúr által megállapított zsidó közösségi rendszabályzat (Judenordnung), családi törzsfa, martyrokról szóló »él mólé rachamim«, zsidó honvédek számára kiállított hivatalos iratok stb.*
Nyomtatványok: *a budai egyetemi és más magyarországi nyomdának régi héber vagy zsidó tárgyú nyomtatványai, II. József korabeli zsidó nemzeti iskolák tankönyvei és tanszerei. A türelmi adóra vonatkozó iratok és nyomtatványok, zsidó vámcédula, régi esküvői meghívó (chaszenebrief).*
Képek: *zsinagógákról, iskolákról, rabbikról, kiváló férfiakról, a zsidó történetből, a zsidó család életéből, zsidó katonákról, a zsidó viseletről.*"

1913-ban a múzeum már helyiséget keres, hogy gyűjteményét bemutathassa a nagyközönségnek. Egyelőre a megtalált helyiség még nagyon szerény, egy bérlakás három szobája csupán. De a gyűjtemény jelentős, az év legfontosabb új darabja egy Árpád-ház korabeli oklevél. (Ez sajnos a második világháború folyamán elveszett, ma csak fényképmásolatát őrizzük.) Van néhány nagyon fontos iratanyaga az 1848–49-es szabadságharcban való zsidó részvételnek is.

A termeket lassan berendezik. A múzeumban dolgozók tudományos igényességét jelzi, hogy már 1915-ben, amikor a gyűjteményt először láthatja a nagyközönség, bár még hivatalosan meg sem nyitották, elkészítik az első leíró katalógust. Weisz Miksa a könyveket és kéziratokat, valamint a frigyszekrény-függönyöket, Kohlbach Bertalan az ezüst-, bronz-, réz-, vas-, fa- és csonttárgyakat, Mandl Bernát az érméket és pénzeket, Fabó Bertalan a metszeteket és a képeket írja le. A katalógus két részletben megjelenik az IMIT Évkönyveiben, és különlenyomat is készül belőle.[14]

II. József zsidórendelete a zsidók névadásáról.
Nyomtatvány. Ltsz.: 64.1906

A hivatalos megnyitásra 1916. január 23-án az IMIT elnökségének, a múzeum bizottsági tagjainak, a rendezőknek és Fabó Bertalannak, a múzeum őrének jelenlétében kerül sor. Az avatóbeszédet Mezey Ferenc, az Országos Iroda alelnöke mondja. Rámutat arra, hogy a rombolás időszakában fokozott jelentősége van az építésnek. A múzeum még új és szerény intézmény, de 1500 tárgyból álló gyűjteménye máris figyelemre méltó. Nem is bízik abban, hogy éppen a háború miatt gyors fejlődés lenne várható, de a múzeum „mint az országos gyűjteményeink egy hézagának pótlója a nemzet történeti és művészi kultúrájának is egyik kicsiny, de értékes hajléka lesz".[15]

A megnyitás évében újabb másfél száz tárggyal gyarapodik a gyűjtemény. A gyarapításhoz nagy segítséget ad a zsidó sajtó. Szabolcsi Miksa már évtizedek óta fáradozik a múzeum alapításán, és Patai József, a Múlt és Jövő című képes folyóirat szerkesztője is buzgólkodik a múzeum látogatottságának érdekében, rendszeresen közölve a műtárgyak fényképét.

A gyarapodás mértékét és értékét befolyásolják ugyan a háborús körülmények, a hosszasan alakuló és nehezen induló múzeum anyaga mégis lassan, de egyenletesen növekszik. Az IMIT Évkönyvei évről évre beszámolnak az újabb tárgyakról, amelyeket a múzeum vásárol, és azokról is, amelyeket ajándékba kap.

1921-ben meghal Fabó Bertalan, a múzeum addigi őre. Fabó minden kulturális érték iránti fogékonyságának, páratlan szorgalmának, felkészültségének hiánya súlyos veszteség. A múzeumbizottság évi közgyűlésén az a javaslat hangzik el, hogy a múzeum élére igazgatóságot nevezzenek ki, személy szerint Weisz Miksát, Mandl Bernátot és Kohlbach Bertalant. Mandl azonban elhárítja a kinevezést. Szerinte a munka oroszlánrészét addig is Weisz Miksa végezte, az igazgatói kinevezés egyedül őt illeti. Őrnek Kürschner Frigyes orvost választják, aki éveken át önzetlenül kezeli a gyűjteményt.[16]

A múzeum a húszas években, a lassú fejlődés időszakában is nehézségekkel küzd. Az anyagi problémák állandóak. Olykor annyi pénzük sincs, hogy a házbért ki tudják fizetni. (A Hold [ma Rosenberg házaspár] utcai lakás különben is sok nehézséget jelent. A háztulajdonos nem kedveli a múzeumot. Amikor például néhány sírkővel gyarapszik a gyűjtemény, és ezeket a ház udvarán helyezik el, ügyvédi felszólítást küld, és a sírkövek azonnali eltávolítását követeli, azzal, hogy a múzeum csak a lakást bérli, az udvart nem. Perrel is fenyegetőzik.)[17]

A múzeum ekkori tevékenységéről keveset tudunk. Minthogy az IMIT Évkönyvei, amelyek rendszeresen és részletesen beszámoltak a múzeum munkájáról, évekig nem jelennek meg, a múzeum irattárában pedig csaknem teljességgel hiányoznak az ez évekre vonatkozó adatok, ismereteink nagyon csekélyek. Fel kell tételeznünk, hogy jelentős előrehaladás vagy változás nem történik. Amikor 1929-ben az IMIT Évkönyve ismét megjelenik, Weisz Miksa rövid beszámolója csak a mostoha körülményeket említi, valamint azt, hogy Székely Ferencnek, a múzeumi bizottság első elnökének köszönhetően a gyűjtemény nem vált hajléktalanná.[18] A beszámolóból azt is megtudjuk, hogy a múzeum tudós munkatársai – Weisz Miksa, Mandl Bernát és Kohlbach Bertalan, Kürschner Frigyes segítségével – megkezdték egy cédulakatalógus felállítását. Sajnos, e feldolgozásból nem sok maradt ránk.

1921-ben mégis történik egy döntő esemény a múzeum életében. A múzeumbizottság ülést tart. Ezen az ülésen felszólal Szabolcsi Lajos[19], és elmondja, hogy tudomása szerint a Pesti Izraelita Hitközségnek (PIH) építési szándékai vannak. A Dohány utcai templom melletti üres telken egy kisebb templom és egy kultúrház építését határozták el. A kultúrházban helyet kell kérni a múzeumnak, továbbá javasolja, hogy a tárgyalást azonnal kezdjék meg.[20]

Jelentős változás nem történik egészen addig, amíg 1929-ben vagy 1930-ban (a források e két dátumot említik) mégiscsak el kell hagyni a Hold utcai lakást. A gyűjteményt ládákba csomagolják, és a Wesselényi utcai polgári iskolában helyezik el.[21]

A múzeum tehát ideiglenesen megszűnik. Anyagát a hozzá nem értő csomagolás miatt a pusztulás veszélye fenyegeti. De mindazok, akik ismerik a múzeum létének fontosságát, feladatait, nem hagyják abba a küzdelmet, és tárgyalnak a megújulásról.

Szabolcsi Lajos bejelentésétől, amely szerint közvetlenül a Dohány utcai templom mellett a PIH kultúrházat fog építeni, jó néhány év telik el, amíg az építkezésbe bele is fognak: Vágó László és Faragó Ferenc tervei alapján valóban megépül a kétemeletes, tágas, kiállításra is alkalmas termekkel bíró épület.[22] Kivitelezése pontosan követi a zsinagóga mór stílusát, homlokzatán váltakozik a sötét és világos téglákból álló díszítés, ablakainak ornamentikája azonos a templom ablakaiéval, a tetején elhelyezett kupolák a nagy kupola kicsinyített másai. A templom épületével egybeépül, így a Dohány utca felől nem is lehet megkülönböztetni az 1859-ben felavatott zsinagógát (melynek tervezője Ludwig Förster volt) és az új kultúrcentrumot. Az épület 1931-ben készül el.

Időközben a múzeumbizottságnak sok nehézség árán, de mégiscsak sikerül megállapodnia a PIH vezetőségével. E szerint az új épület első emeletén rendezkedhet be a múzeum, a második emeleten pedig a hitközség könyvtárát készülnek elhelyezni. Megállapodnak az IMIT-tel[23], így az egész, addig az IMIT letétjeként kezelt anyag átmegy az új egyesület birtokába. 1931-ben a múzeum keretei ugyanis megváltoznak. Az addig működő múzeumbizottság feloszlik, és megalakul az Országos Magyar Zsidó Múzeum Tudományos és Művészeti Egyesület. Az egyesület autonóm. Alapszabályait a belügyminiszter 1931. szeptember 19-én 134.869 (VII) 1931. szám alatt jóváhagyja. A múzeum anyagi ellátottságáról a PIH és az IMIT közös erővel gondoskodik, és az új egyesületbe mind a PIH, mind az IMIT tagokat delegál.[24] Az új egyesület elnöke Wertheimer Adolf[25], titkára Munkácsi Ernő[26] lett.

Amikor a kultúrház 1931-ben készen áll, és már csak a festés hiányzik, a Wesselényi utcai iskolából átszállítják a gyűjtemény anyagát. Az ezüsttárgyakat megtisztítják, sérüléseiket kijavítják, a festményeket restaurálják. Gondoskodnak a pecsét- és plakettgyűjteményről, kijavítják a ketubbákat (házassági szerződéseket) is. Restaurálják a textíliákat, és nagy részüket rámákra feszítik, hogy kiállíthatók legyenek.

Megkezdik a berendezés elkészítését is. A vitrineket Faragó Ferenc építész tervezi. Az okiratok és nyomtatványok számára forgatható állványokat készíttetnek.

Úgy döntenek, hogy a múzeum első termébe helyezik el mindazokat a tárgyakat és dokumentumokat, amelyek a magyar zsidóság történetével kapcsolatosak, a második terembe teszik a magán- és egyéb régiségeket, a harmadik termet pedig a szertartási tárgyak kiállítási helyiségének jelölik ki. A képeket és festményeket már ebben az időben – a megállapodás ellenére, amely szerint a múzeum az épületnek csak az első emeletén kaphat helyet – a második emelet első termébe helyezik.

A berendezés, a restaurálás túlságosan sok pénzt emészt fel. Elhatározzák, hogy a múzeum ablakait az adományozók nevének feltüntetésével üvegfestményekkel díszítik. A második és legnagyobb terem keleti falának díszablakai el is készülnek (és csodálatos módon épen maradnak Budapest ostroma során).[27]

1932. december 26-án díszközgyűlés keretében nyitják meg az újjáéledt Zsidó Múzeumot. Wertheimer Adolf megnyitója[28] után Gerő Ödön mond emlékbeszédet Perlmutter Izsákról.[29] Hevesi Simon[30] főrabbi megáldja az új intézményt. A díszközgyűlés résztvevői jelentéseket hallgatnak meg. Valószínűleg ekkor kapcsolódik a múzeum munkájába Naményi Ernő, akinek aktivitása, a zsidó művészet iránti fogékonysága és nagy tudása a későbbiekben sokat lendít a múzeum tevékenységén. Munkácsi Ernő már az 1931. évi közgyűlésen elmondja, hogy a múzeum vezetősége elhatározta: amint az épület elkészül, a kiállításokat megnyitják, tekintet nélkül arra, hogy az éveken át lassan szaporodó, majd újabb évekig ládába zárt anyag meglehetősen hiányos.[31] Azt remélik ugyanis, hogy a gyűjtemény még hiányosan is nagy hatással lesz a látogatókra, és akinek a múzeum profiljába tartozó anyaga van, fel fogja ajánlani a kiállítások céljaira.

Ebben a reményükben nem is csalódnak. A legjelentősebb adomány Perlmutter Izsák festő hagyatéka. A művész végrendelete szerint igen értékes festmények és ingatlanok is (pl. az Andrássy út [ma Népköztársaság útja] 60. számú bérház, amely később a Nyilaskeresztes Párt főhadiszállása lett, és a szép festményben is megörökített rákospalotai Perlmutter-palota egynegyede) a múzeum birtokába kerülnek. De már itt meg kell említenünk azt a szomorú tényt, hogy a vétel útján szerzett tárgyak jegyzéke igen rövid; az ajándékba kapott darabok felsorolása az 1933-as IMIT Évkönyvben csaknem 11 nyomtatott oldal[32], közöttük számos rendkívül értékes ajándék, mint például a már említett, a termeket ma is díszítő, nagyrészt bibliai tárgyú ólomüveg ablakok felajánlása (az ablakok elkészítését a múzeum vezetői kérik, tárgyát és formáját irányítják).

A múzeumnak azonban soha nem volt elegendő pénze. Éppen ezért a rendszeres vásárlás, a tervszerű gyarapítás mindig rendkívül kis mértékű, a magánosok által felajánlott holmik sokszor csekély értékűek vagy értéktelenek. Így volt ez kezdettől, és – sajnos – ma sincs másként. Emellett a múzeum vezetői az 1930-as évek elején úgy érzik, a legfőbb feladat a zsidóság történeti öntudatának felkeltése és fenntartása, mert ez a zsidóság életérdekeibe kapcsolódik, és fontosabb, mint az „abszolút művészeti értékű kincsek gyűjtése".[33] Ezekben az években az öntudat ébresztése és erősítése valóban elsőrendű feladata minden zsidó intézménynek, hogy ezzel megpróbálják valahogy ellensúlyozni a zsidóságot egyre sűrűbben érő csapásokat. Többek között ezért fogadnak el minden ajándékot, ami bármily csekély mértékben is kapcsolatban van a zsidósággal. (A mai feladatok közé tartozik a közeljövőben egy nagymértékű selejtezés.)

1932-ben a múzeum vezetői az új épület megnyitásával kapcsolatban ismét megfogalmazzák gyűjtési munkálataik legfontosabb feladatait.[34] Elhatározzák, hogy megkezdik a zsinagógiai művészet emlékeinek és a magánrégiségeknek gyűjtését is. Az előzővel kapcsolatban a hitközségekhez és a chevrákhoz akarnak fordulni, az utóbbit illetően a felekezeti lapok propagandáját szándékoznak igénybe venni. Gyűjteni kívánják a jelentős magyar zsidó személyiségekre vonatkozó emlékeket, hagyatékokat, arcmásokat.

Néhány hónappal később, 1933 nyarán, a Múzeumegyesület közgyűlést tart. A múzeumi munkáról szóló beszámoló előtt Munkácsi Ernő megrendült szavakkal emlékezik meg a német zsidóság helyzetéről, és ezzel kapcsolatban arról a veszélyről szól, amelynek a német zsidó egyén, valamint a zsidó tudomány és művészet ki van téve.

Ez a helyzet megnöveli a magyar zsidóság és ezen belül a múzeum szerepét és fontosságát – vallja Munkácsi. Ismét kiemeli a történeti gyűjtemény fontosságát: „S ami mindenekfelett fontos, múzeumunk történeti vonatkozású gyűjteményével gyakorolja a legmélyebb hatást. A zsidó látogató öntudatában megerősödve távozik, hiszen múzeumunk első termében ott látta az Árpád-kori emlékektől kezdve az évezredes magyar zsidó történet dokumentumait; a nem zsidó pedig felvilágosítást kap és megbecsülést érez a zsidóság iránt, mert összeomlanak bizonyítékaink súlya alatt azok a vádak, amelyeket a magyar zsidóságnak a közelmúltban történt bevándorlásáról és a magyarságra való kárhozatos befolyásáról terjesztenek. Valóban mondhatjuk, hogy saxa loquuntur; múzeumunk történeti gyűjteménye meggyőz; megtanulhatjuk belőle, hogy a magyar zsidóság hasznos, történetileg hozzáforrott része volt mindig a magyar államnak és társadalomnak."[35]

1932 után a nagy fejlődés korszakáról beszélhetünk. A növekedést elősegíti a PIH elhatározása, hogy könyvtárát, amelyet eredetileg az épület második emeletén helyeztek el, elköltöztetik, és így a felszabadult helyiségekkel együtt az egész épület a múzeum rendelkezésére áll. A felszabadult helyiségekben helyezik el az ún. „történelmi arcképcsarnokot", a magyar zsidóság jelentős személyiségeiről készült festményeket, szobrokat, fényképeket, valamint a képzőművészeti kiállítást.

Nem kétséges, hogy ez a fejlődés szomorú változások eredménye. Az a tény, hogy a külvilág egyre ellenségesebb a zsidósággal szemben, előbb izolálja, később teljességgel kizárja a zsidó egyént a társadalmi, gazdasági és kulturális élet minden területéről, természetszerűleg befelé fordulást eredményez. A zsidó színpadi írók és színészek számára nincsen színpad; tehát zsidó színházat kell alapítani. A zsidó képzőművészek számára nincs lehetőség kiállításokra és ezzel remény arra, hogy alkotásaikat el is adhassák, tehát kiállítási feltételeket kell teremteni. A folyóiratok nem közlik a zsidó szerzők írásait, tehát zsidó folyóiratot kell alapítani. Minthogy a tudományos és népszerű előadások témája egyre gyakrabban zsidóellenes, előadásokat és előadás-sorozatokat kell szervezni. Ha a külvilág egyre kevesebb öröm forrása az ország zsidó lakosai számára, olyan fórumot kell teremteni, amely valamilyen módon megpróbál ezen segíteni.

Ezért alakul meg az OMIKE (Országos Magyar Izraelita Közművelődési Egyesület)[36] különleges színháza, és viszi színre előadásain kitűnő szerzők darabjait. Zsúfoltak a színház operaelőadásai és hangversenyei, valamint a kabaré-előadások is, amelyek némi vigaszt adnak az öröm nélküli életben. Ezért gyarapszanak meg a múzeum kiállításai, és ezért jelennek meg tömegesen – olykor kitűnő – zsidó tárgyú könyvek, valamint egy magas nívójú folyóirat, a Libanon.

Vegyük szemügyre először a múzeum időszaki kiállításait. A kezdeti időben még nincs lehetőség – és a szűk Hold utcai lakásban hely sem – külön, időszakos kiállítások megrendezésére. De 1937-ben, amikor állandó kiállításként bemutatják a történelmi arcképcsarnokot és a Perlmutter-hagyatékot, ideiglenesen közzéteszik azt a több száz darabból álló fényképgyűjteményt, amely az olasz zsidóság egyházművészeti emlékeiről készült.

Az első igazán jelentős időszaki rendezvény az „Emancipációs Kiállítás" 1938 márciusában.[37]

Nem hisszük, hogy külön ki kellene emelnünk a kiállítás tárgyának és dátumának összefüggését. Bár a történelmi helyzet egyre fenyegetőbb, a kiállítás rendezői még optimisták. Úgy vélik, hogy érvekkel, dokumentumokkal be tudják bizonyítani, hogy a zsidóság évszázadok óta itt él, szerves része az országnak.

Ezért válogatják és állítják ki azokat a dokumentumokat, amelyek az országon belül kijelölik a zsidóság helyét, jó irányban befolyásolják sorsát.

Az első fontos, kiállított okmány a magyar zsidóság „aranybullája", IV. Béla király kiváltságlevelének másolata, amely szabályozta a magyar zsidóság jogviszonyát (1251). Ennek megerősítése is olvasható 1484-ből. Az oklevél érvényességét V. László és Mátyás is megerősítette. Kiállítják a Mátyás és Beatrix Budára való bevonulásáról készült kőrajzot és az első zsidó prefektus, Mendel Jakab portréját, amelyet a prefektus pecsétjén látható arckép után Gedő Lipót festett.

Láthatók II. József rendeletei és a XVIII. század végi és XIX. század eleji, zsidó vonatkozású folyamodványok, rendeletek. Külön hangsúlyt kap az első emancipációs törvény, a „Törvény a zsidókról" című, amelyet Szegeden, 1849. július 28-án fogadtak el,[38] és a törvényt dicsőítő röplap.

Szerepelnek a kiállításon a zsidóság folyamodványai az országgyűléshez 1790-től 1861-ig, és az 1861-es országgyűlési naplónak az a részlete, amelyben Tisza Kálmán indítványozta a „különböző vallásfelekezetek közötti polgári és politikai teljes jogegyenlőségnek életbeléptetését és az izraelitákra való kiterjesztését", végül maga az emancipációs törvény.

Tárlókba helyezik az első magyar nyelven megjelent zsidó könyveket, az első zsidó bibliafordítást (Bloch Móric, 1840), az első magyar fordítású imakönyvet (*Jiszrael könyörgései*. Rosenthal Móric és Bloch Móric, 1841), az első magyar zsidó folyóiratot (*Magyar Zsinagóga*, 1847), valamint néhány szobrot és képet. Jó érzékkel válogatják ki azokat az okleveleket, dokumentumokat és tárgyakat, amelyek a zsidóság jogállását pozitív irányban befolyásolták, és kihagyják mindazt, ami a zsidóság életét nehezíti, vagy súlyos diszkriminációkat tartalmaz.

A kiállítás a zsidó látogatókat nyilván még inkább meggyőzi Magyarországhoz való szoros tartozásukról. A zsidóellenes tendenciákat azonban már erőteljesebb eszközzel sem lehetett volna befolyásolni, még kevésbé meggátolni.

1939 decemberében az újabb kiállítás ugyancsak nem nélkülözi a politikai vonatkozásokat, noha teljes egészében képzőművészeti. 1939-ben a zsidó festők és szobrászok számára már nincs kiállítási terem. Ezért rendezi az OMIKE Kultúrtanácsa azt a képzőművészeti kiállítást, amelyen bemutatásra kerülnek a kor nagy zsidó művészeinek alkotásai. A kiállítás tárgymutatójában olyan neveket olvashatunk, mint Bálint Endre, Ámos Imre, Anna Margit, Vadász Endre, Zádor István, Perlrott-Csaba Vilmos, Herman Lipót, Schönberger Armand, Bolmányi Ferenc, Diener-Dénes Rudolf, Vajda Lajos, Kádár Béla, Frank Frigyes festők, Örkényi Strasser István, Goldmann György, Bokros Birman Dezső, Csillag István szobrászok. A bemutatott alkotások megvásárolhatók voltak.[39]

A Lőw Lipót-emlékkiállításra 1942 szeptemberében kerül sor. Ez a kiállítás a múzeum vezetőinek alkalmat ad arra, hogy bemutassák a 100 évvel azelőtti magyar zsidóságot.[40]

A megnyitáskor Grünvald Fülöp felolvassa Lőw Lipótról szóló tanulmányát, mely megmutatja, hogyan lett a morva származású Lőw Lipótból magyar rabbi, a szabadságharc tábori papja, a hazai zsidóság emancipációjának harcosa, a magyar szabadság kiállásáért börtönbe zárt tudós, Naményi Ernő pedig, hogy „napjaink keserveit, megpróbáltatásait elviselhessük", azok felé a férfiak felé tekint, „akik a magyar zsidóság kulturális és anyagi fejlettségének alapjait lerakták, és majdnem olyan jogfosztottan, mint mi, annak a kornak lelkes és bizakodó munkásai voltak".

Kossuth Lajos és Szemere Bertalan emancipációs rendelete. 1849. július 28. A szabadságharc leverése miatt nem lépett érvénybe. Ltsz.: 64.1802

Az emancipációs törvény. 1867. Aláírók: Ferenc József király és gróf Andrássy Gyula miniszterelnök.
Nyomtatvány. Ltsz.: 64.1807

A kiállítás bemutatja Lőw Lipót életútját és a korszaknak azokat a zsidó személyiségeit, akik fáradhatatlanul tevékenykedtek az ország érdekeiért, a magyar kultúráért, a magyar ipar megteremtéséért.

A múzeum 1943-ban, Kiss József születésének századik évfordulóján, megrendezi a költő emlékkiállítását.[41] Bemutatásra kerülnek kéziratai, használati tárgyai, életéről készült fényképek, sok levele és hozzá íródott levél. A látogatók gyönyörködhetnek verseinek illusztrációiban, például Ferenczy Károly, Iványi Grünvald Béla, Vadász Miklós grafikáiban. És láthatók azok a festmények, szobrok, amelyek magát a költőt ábrázolják. Egy érdekes fényképsorozat mutatja be A Hét körét, azokat a híressé vált írókat és költőket, akiket a szerkesztő Kiss József fedezett fel, és akiknek első írásai A Hét című hetilap hasábjain jelentek meg.

Ugyancsak 1943-ban az OMIKE képzőművészeti csoportjának ad otthont a múzeum. A kiállítás egyik célja bevallottan a művésznyomor enyhítése. Ezért – és feltehetően csakis ezért – volt lehetséges, hogy kitűnő műalkotások mellett dilettáns munkákat is bemutatnak.[42]

A „...célkitűzés – írja Naményi Ernő, a múzeum vezetője, a kiállításról szóló beszámolójában –, megmutatni azt, hogy a zsidó művészek mivel gazdagították a magyar képzőművészetet, csak kis részben sikerült. Éspedig mindenekelőtt azért, mert a képzőművészeket a művészek felekezeti hovatartozása szerint osztályozni egyáltalán nem lehet."

Naményi véleménye a legteljesebb mértékben helytálló. A múzeumban éppen ezért szűnt meg az állandó képzőművészeti kiállítás (és ha e kötetben festményekkel találkozik is az olvasó, ez csak azért van, mert a műtárgyak a múzeum tulajdonában vannak, zsidó művészek alkotásai, de nagy részük kiállításon nem látható). A jelentős zsidó személyiségekről készült plakettek természetesen a múzeum gyűjtőkörébe tartoznak.

A továbbiakban szót kell ejtenünk a Libanon című folyóiratról. A Libanon kezdetben még nem a múzeum

XX. CZIKK.

Hitel- és biztosító intézetek engedélyezése azon ministeriumot illeti, melynek államterületén az illető társulat székhelyét választja; ha azonban működését a másik államterületre is ki akarja terjeszteni, alapszabályainak előmutatása mellett az ez iránti engedélyt az ottani ministeriumnál köteles megszerezni.

XXI. CZIKK.

A második czikkben érintett nemzetközi kereskedelmi szerződések, a vámok, a közvetett adók, és az ezen vám- és kereskedelmi szövetségben foglalt egyéb tárgyak egyforma alapjainak előkészítése és közvetítése végett, vám- és kereskedelmi értekezlet fog egybegyűlni, melyet a két részről való kereskedelmi és pénzügyi ministerek, s a mennyiben a tanácskozás tárgya a külfölddel való viszonyt érinti, a közös külügyminister, illetőleg mindezek helyetesei képeznek, s a melyhez, a hányszor a tárgy megkívánja, mindkét államterületbeli szakférfiak s különösen kereskedelmi kamarai tagok hivatnak meg.

Mindkét fél ministeriumai fel vannak jogosítva, valahányszor szükségesnek tartják, a vám- és kereskedelmi értekezlet egybehívását igénybe venni.

XXII. CZIKK.

E vám- és kereskedelmi szövetség a kihirdetés napján s 10 évi időre lép érvénybe, s ha fel nem mondatik, további 10 évre, s így 10 évről 10 évre folyton fennállónak ismertetik el. A felmondás mindenkor csak a 9-ik év végén történhetik meg, s ez esetben a szerződés megújítása iránti egyezkedés hasonló uton haladék nélkül megkezdendő.

Mindazonáltal a szerződési idő öt első évének elteltével mindenik félnek szabadságában álland e határozmányok megváltoztatására alkudozást indítványozni, mely alkudozást a másik fél vissza nem utasíthat. Ha ez uton az egyesség 6 hónap alatt el nem érhető, mindkét fél szabadságában áll egy évi felmondással élni. Ez esetben a szerződés megújítása iránti egyezkedés haladék nélkül megkezdendő.

Ha e szerződés egyes határozmányai azonnal nem leendnek végrehajthatók, a két részről való felelős ministeriumok a szükséges átmeneti intézkedéseket közös egyetértéssel fogják megállapítani.

XVII.
Törvényczikk
az izraeliták egyenjogúságáról polgári s politikai jogok tekintetében.

1. §.

Az ország izraelita lakosai a keresztény lakosokkal minden polgári és politikai jog gyakorlására egyaránt jogosítottaknak nyilváníttatnak.

2. §.

Minden ezzel ellenkező törvény, szokás, vagy rendelet ezennel megszüntettetik.

XVIII.
Törvényczikk
az 1868. év első évharmada folytán viselendő közterhekről.

1. §.

Addig is, míg az 1867. 12. t. cz. 40. szakasza értelmében a közös költségek fedezésére szükséges összegek meghatározása után az államköltségvetés a jövő évre előterjesztetik, és törvényhozási tárgyalás folytán megállapíttatik: a magyar korona országaiban jelenleg fennálló összes, egyenes és közvetett adók, ugy szintén az államegyedáruságok, a jövő 1868. évi január 1-től kezdve, ugyanazon évi april hó 30-káig a folyó 1867. évre országos határozat által ideiglenesen elfogadott rendszer szerint, érvényben maradnak.

2. §.

Ha ez időközben is bármely adónemre nézve törvényhozási intézkedés jő létre: az, a törvénynek a hivatalos lapban (Budapesti Közlöny) történt közzététele után, a törvényben magában kijelölt napon és mód szerint életbe lép.

3. §.

Az 1-ső szakaszban megállapított 4 havi időszak alatt a pénzügyminister a beligazgatási költségek fedezésére a jelen év folytán gyakorlatban volt eljárás szerint fogja a szükséges összegeket folyókká tenni.

12

kiadványa, mint Zsidó Tudományos és Kritikai Folyóirat jelenik meg Grózinger M. József, Kohn Zoltán és Zsoldos Jenő szerkesztésében. A későbbiekben azonban a múzeum folyóiratává alakul át, és ettől kezdve „Az Országos Magyar Zsidó Múzeum Tudományos és Művészeti Egyesület Tudományos és Művészeti Folyóirata" alcímmel adják ki. Felelős szerkesztője (Munkácsi Ernő) és szerkesztőbizottsága jó kritikai érzékkel, ízléssel válogatja ki a cikkeket, amelyek között minden alkalommal található néhány fontos tanulmány és kisebb, de ugyancsak fontos közlemény, könyvismertetés. Attól fogva, hogy a rangos folyóirat a múzeum hivatalos kiadványa, igen sok olyan tárgy fényképe jelenik meg, mely a múzeum birtokában van. Ugyancsak közlik a múzeum birtokában levő oklevelek szövegét, és számos cikk szól a múzeum anyagáról. Hogy a múzeum ismertetéséről valami fogalmunk is legyen, úgy gondoljuk, nem felesleges, ha bemutatunk két, véletlenül kiragadott számot.

VII. évfolyam (1942), 1. szám:
Ebben a számban olvasható N[aményi] E[rnő] fontos tanulmánya a herendi szédertálakról, köztük azokról, amelyek a múzeum birtokában vannak. Néhány tál fényképét is közli a folyóirat. A cikk megjelenésének idején még csak két herendi tálja van a múzeumnak. Két további olyan tál fényképe is látható azonban, amelyek azóta ugyancsak a gyűjteménybe kerültek. Ez a szám publikálja Balázs Györgynek, a múzeum második világháborúban meghalt, nagyon tehetséges munkatársának a náznánfalvai fazsinagógáról szóló tanulmányát, amely a zsinagógával kapcsolatos oklevelek szövegét közli. A fazsinagóga néhány megmaradt darabja ma is látható a múzeumban.

VII. évfolyam (1942), 3. szám:
Az első cikk Büchler Sándor ismertetése egy a keszthelyi Festetics-könyvtárban őrzött kódextöredékről, amely Évát, a kígyót és részben Ádámot ábrázolja. A rajz a mikrografika technikájával héber betűs szövegből

Telcs Ede: Lőw Lipót. Terrakotta. Ltsz.: 64.2641

áll, amelyet Büchler (Scheiber Sándor szerint tévesen) legkésőbb a XIV. században készültnek vél. A múzeum vezetői talán már a publikáláskor tudták, hogy a kódextöredék átkerül a gyűjteménybe. A hártyalap fényképét is közli a folyóirat, továbbá egy fotót Telcs Edének Lőw Lipótot ábrázoló szép terrakottaszobráról. Szerepel a számban Grünvald Fülöpnek Lőw Lipótról szóló, már említett életrajza. Grünvald Fülöp és Zsoldos Jenő közlésében megjelentetnek a magyar zsidóság múltjára vonatkozó fontos okiratokat, melyeket a múzeum őrzött. Olvasható a múzeum közgyűléséről szóló beszámoló és az Országos Magyar Zsidó Múzeum igazgatósági jelentése az 1941–42-es évről.

A kiadványok sorában meg kell emlékeznünk az *Ítéljetek* című dokumentációs füzetről, amelyet Vida Márton szerkesztett. A füzet célja, hogy népszerű formában, fényképpel illusztrálva bemutassa, menynyire magyarnak érezte magát a hazai zsidóság, és milyen sokat tett a magyar gazdasági és kulturális fejlődésért. Az *Ítéljetek* – amely célját, hogy a zsidóellenes tendenciákat befolyásolja, nem érhette el – nem a múzeum kiadványa ugyan, de anyagát csaknem kizárólagosan a múzeum anyagából vette.

1939-ben a zsidóknak, hogy választójoguk legyen, be kell bizonyítaniuk, hogy elődeik már száz éve Magyarországon éltek. Ezt bizonyítani akarván, megkezdődik az „őskutatás". A múzeumnak birtokában voltak a magyarországi zsidó összeírások, a *conscriptiók* fotókópiái. Sok zsidó a múzeumhoz fordul, hogy a XVIII. és XIX. század eleji zsidó összeírások alapján megkeresse őseit.

A 30-as évek végén, a 40-es évek elején igen sok zsidó tárgyú előadást is rendeznek különböző zsidó szervek Magyarországon. Az ún. Szabadegyetem három előadásból álló sorozatot hirdet meg a múzeumban, hogy bemutassa ennek anyagát.[43]

Az első előadó Naményi Ernő. A zsidó vallásos művészet fejlődéséről beszél. Elmondja, hogy a múzeumban nincs a vallásművészetnek XVI. századnál régebbi emléke, mert a különböző háborúk során minden korábbi emlék elpusztult. Az előadás hallgatói nagy érdeklődéssel tekintik meg a bemutatott kegyszereket és hallgatják a hozzáfűzött magyarázatokat.

A második alkalommal Grünvald Fülöp beszél a magyar zsidóság történeti emlékeiről. Bemutatja a múzeum történeti anyagát, középkori okleveleket, régi sírköveket, Árpád-ház korabeli héber betűs magyar pénzeket, földesúri oltalomleveleket, végül azokat a dokumentumokat, amelyek a polgárosodás, a magyarrá válás, az egyenlő jogokért való küzdelem és a belső szervezkedés forrásanyagai.

A harmadik előadás során Balázs György a régiségekről, ásatási eredményekről beszél; a III. századból származó esztergomi zsidó sírkőről, az ugyancsak III. századból származó dunapentelei (ma Dunaújváros) fogadalmi tábláról, az albertirsai sírkőről, a menórával díszített római mécsesről.

A múzeum lelkes vezetőinek még néhány műtárgy kiadására is jut ereje és ideje. Kiadják Örkényi Strasser István, a később mártírhalált halt szobrász Mendel prefektust ábrázoló érmét, Münz Mózes óbudai főrabbi rézmetszetű portréját, amelyet Donáth festménye után Lenhard készített az eredeti régi rézlemezről, és végül egy nyomott fehérselyem kalácstakarót, amelynek rajzát és héber feliratát Kner Albert tervezte.

Látogatott állandó kiállítás, jól megrendezett, fontos időszaki kiállítások, folyóirat, kiadványok szerkesztésében való részvétel, műtárgyak kiadása, előadás-sorozat: a múzeum történetében páratlan aktivitást mutató korszak, amely úgy záródik, hogy 1942-ben a múzeum vezetői jó judíciummal elhatározzák és megszervezik a gyűjtemény elrejtésének tervét.

A legértékesebb, legféltettebb tárgyak ismét ládákba kerülnek. Dr. Báránnyé Oberschall Magda és Tápai Szabó Gabriella, a Magyar Nemzeti Múzeum munkatársai a műkincsekkel teli, lepecsételt ládákat elrejtik a Nemzeti Múzeum pincéjében, a régi, pótolhatatlan okleveleket pedig bankszéfben helyezik el.

Ismét lezárul egy korszak. A termekből már hiányoznak az igazi értékek. A német megszállás után még megkísérelik a megmaradt tárgyak leltározását, az anyag egy részét elviteti a hírhedt Zsidókutató Intézet. A későbbiekben a ház munkaszolgálatos századok körletévé alakul át. De a múzeumnak még ekkor is van feladata: fedelet ad a munkaszolgálatosoknak. Ez azért nagy jelentőségű, mert egyes munkaszolgálatosok megpróbálkoznak a segítés nagyon szűkre szabott lehetőségeivel – híreket, leveleket hoznak és visznek a kialakuló gettó lakóinak. Csomagokat csempésznek be, utcán elfogott és a gettóba hurcolt zsidóknak nyújtanak segítséget. Amikor pedig a budapesti deportálás során a nyilaskeresztesek a Dohány utcai templomba zsúfolják a zsidókat, hogy onnan indítsák gyalogmenetben Ausztria, a német birodalom felé, titokban áttörik a templom és a múzeum közös falát. A templomot a Dohány utca felől a nyilasok lezárják, a zsidókat a Síp utca, a hátsó traktus felől terelik a tábornak használt templomépületbe. De azok, akik megpróbálnak a karzatra felmenekülni, megtalálják az áttört falat, és bejutnak a múzeumba, melynek kapuja kívül van a bezárt gettó területén. Az, aki így kijut a „szabad" utcára, lehet, hogy megmenekül, a deportálást mindenesetre elkerüli. A múzeum, amely éveken át gyönyörködtetett, tanított és erősítette a zsidó öntudatot, a magyar zsidóság legtragikusabb korszakában, 1944 telén emberéleteket ment.

Természetes, hogy közvetlenül a felszabadulás után nem foghatnak a múzeum újjáépítéséhez. Az egyes emberek megsegítése, a templomok rendbehozatala, a kórházak munkájának megindítása, a szülők nélkül maradt gyermekek számára otthonok létesítése fontosabb feladat.

Csak 1947-ben kezdenek hozzá az épület helyreállításához. A költségeket az American Joint Distribution Committee [44] vállalja, a PIH is segít.[45] A háborús károk kijavítása, a festés, a berendezés jó ütemben halad. 1947 nyarának elején már ott állnak a múzeum falai között azok a ládák – a gyűjtemény legféltettebb kincseivel –, amelyek a Magyar Nemzeti Múzeum pincéjében rejtőztek. A ládák megérkezéséről szóló beszámoló szerint izgalmas percek következnek.[46] A múzeum vezetői, Naményi Ernő és Grünvald Fülöp megállapítják, hogy a pecsétek épek, majd kibontják a ládákat. Először egy fűszertartó kerül elő, azután sorra, hiánytalanul a múzeum legbecsesebb tárgyai.

A feltört bankszéfben elhelyezett iratanyag azonban sajnos eltűnt. Fontos és jelentős iratok, köztük Árpád-oklevelek vesztek el, és azóta sem kerültek elő.

A múzeum vezetői és munkatársai készülnek az újabb, immár harmadik megnyitásra. Erre 1947. július 4-én kerül sor.[47] Az újjáavatás jelentős ünnepség. Megjelenik többek között Ortutay Gyula kultuszminiszter, Mihályfi Ernő tájékoztatásügyi miniszter, Bóka László kultuszállamtitkár, Kardos László és Simon Sándor minisztériumi tanácsosok, Gerevich Tibor egyetemi tanár, Huszár Lajos főigazgató, Báránynné Oberschall Magda egyetemi magántanár, Mihalik Sándor, a Magyar Nemzeti Múzeum igazgatója, Genthon István, a Szépművészeti Múzeum igazgatója, Szoboszlay Ferenc, Budapest Székesfőváros tanügyi tanácsnoka. A zsidóságot az Országos Iroda elnöksége, az AJDC európai elnöke és magyarországi irodájának vezetői, valamint a különböző intézmények és szervezetek vezetői képviselik.

Az érkező vendégeket Naményi Ernő üdvözli. Beszédében vázolja gyűjtemény háború alatti sorsát, megemlíti, hogy a Zsidókutató Intézet 1944-ben elrabolta a gyűjtemény egy részét, több bombatámadás is pusztította az épületben maradt anyagot. Páratlan darabok nyomtalanul eltűntek. A gyűjte-

Lőv (Lőw) Lipót pápai főrabbi tábori beszéde a szabadságharc zsidó katonáihoz.
Füzet. Nyomtatták Pápán a református főiskola betűivel. 1848. Ltsz.: 64.1416

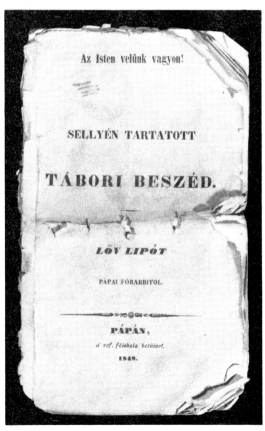

ménynek csak az a része maradt meg hiánytalanul, amelyet a Nemzeti Múzeum néhány dolgozója rejtegetett.

Ortutay Gyula megrendítő beszédében szól a pusztulásról és arról a bűntudatról, amelyet a tisztességes embereknek érezniük kell. Nagyobb örömmel venne részt a megnyitáson – mondja –, ha a Nemzeti Múzeum nemcsak holt tárgyakat mentett volna, hanem élő embereket is. „A kormányzat nevében kijelenthetem – ígéri végül –, hogy abban az irányban akarunk dolgozni, hogy hazánkban többé senki se szenvedjen származása, fajtája miatt."

Joe Swartz a Joint nevében szól. A Joint tevékenysége – mondja – a karitatív munka mellett kiterjed a kulturális vonalra is, és szolgálni kívánja a zsidó szellemet. Ezért segítették a múzeum újjáépítését is.

1948-ban a múzeumban ismét szervezeti változás következik be. Fenntartására és irányítására létrehozzák az Országos Magyar Zsidó Múzeum és Könyvtár Tudományos és Művészeti Egyesületet. Elnöke, a múzeum valóságos irányítója Naményi Ernő. Az új egyesületnek elkészül az alapszabálya, amelyet a belügyminiszter 490/435/1948. számmal április 3-án jóváhagy.[48]

Az új egyesület megint megfogalmazza a célt: „A zsidóság történetére, vallási kultuszára, zsinagógai berendezésére, szellemi és gazdasági életére tartozó, különösen magyar vonatkozású műemlékek, könyvek, okiratok, képek és egyéb tárgyak gyűjtése, az erre szolgáló múzeum és könyvtár fenntartása; a fenti tárgyakkal kapcsolatban a székesfővárosban és vidéken felolvasások rendezése; tudományos, illetőleg műtörténeti munkák kiadása; továbbá e tárgyakkal kapcsolatos időleges kiállítások rendezése és e tárgykörbe tartozó tudományos búvárlatok elősegítése."

Pontos és nagyvonalú terv. Nagy kár, hogy – a múzeum fenntartásán kívül – semmi sem valósul meg belőle. Igaz, hogy az egyesület nagyon rövid ideig működik. Mintegy kétesztendős tevékenység után megszűnik, és a múzeumot a Magyar Izraeliták Országos Irodája veszi át. Ezt megelőzőleg azonban a múzeum néhány jelentős kiállítást rendez.

1949-ben három kiállítást hirdetnek. A Dohány utcai templom fennállásának 90. évfordulója kapcsán a magyarországi zsinagóga-művészetről rendeznek bemutatót.[49] Erre a kiállításra kezdik gyűjteni a zsinagógák fényképanyagát, amely ma, sokszorosan kiegészítve, a múzeum egyik fontos gyűjteménye, annál is inkább, mert a második világháború során sok zsinagóga megsemmisült, és ugyancsak a háború következtében zsidó szempontból teljesen elnéptelenedett városok és falvak templomairól le kellett mondani.

Az első teremben a Dohány utcai templom volt rabbijainak képmását, kéziratait és irodalmi műveit helyezik el. A második teremben a zsinagóga-építészet legfontosabb magyarországi emlékeit fényképeken mutatják be: a Lengyelországban kialakított, középen négyoszlopos zsinagógatípus legfontosabb magyarországi előfordulásait, így a mádi, zsámbéki, apostagi, bonyhádi zsinagógákat, a XVIII. századból származó kismartoni, ún. Wertheimer-templomot, valamint a XIX. század elején épült nagykanizsai és egy másik kismartoni templomot, amelyek a kor klasszicista ízlését mutatták, a legszebb magyarországi klasszicista zsinagógát, az óbudai templomot, a vele egyidejű hunfalvi és az óbudai hatása alatt épült várpalotai templomot, az első pesti zsinagógát, az Orczy-házi templomot, az ún. Cultus-templomot, a régi szegedi zsinagóga magyar címert viselő áronját, az 1846-ban épült pápai, első háromhajós zsinagógát, a romanticizmus szellemkörének emlékeit mutató Rumbach utcai zsinagógát, a gótikus stílusban épült buda-újlaki zsinagógát, a Baumhorn Lipót tervezte templomokat: a szegedi, az Aréna (ma Dózsa György) úti, a Páva utcai, a Csáky (ma Hegedűs Gyula) utcai és Bethlen téri zsinagógákat. Több vidéki város templomának fényképe mellett két modern épület: a Hősök temploma és a buda-lágymányosi templom fotója is látható. Végül bemutatják a Dohány utcai templomról készült fényképeket.

Szerepelnek nevezetes külföldi zsinagógák fényképei is, például a dura-europosi, freskókkal díszített templom, a XIII. században épült, öthajós toledói zsinagóga, a XI. században épült, wormsi zsinagóga – amely a Kristallnacht[50] áldozatává lett.

Bemutatják a Dohány utcai templom építésével kapcsolatos dokumentumokat, a templom szép paróchetjeit, Óbuda régi, csodálatos frigyszekránytakaróit, igen sok ötvösművészeti tárgyat és végül a náznánfalvai fazsinagóga néhány megmaradt darabját. A kiállítás alkalmával a múzeum egy füzetet jelentet meg, benne Katona Józsefnek a 90 éves Dohány utcai templomról, valamint Grünvald Fülöpnek és Naményi Ernőnek a budapesti zsinagógákról szóló tanulmányával.[51]

Ugyancsak szép katalógus és meghívó készül a szintén 1949-ben rendezett „Széder művészete" című kiállításról is.[52] A kiállítás elsősorban a Haggáda-művészet fejlődését kívánja bemutatni. A legrégibb bemutatott példány a kairói Genizából[53] származó, X. századi Haggáda-részlet, az Országos Rabbiképző Intézet tulajdona. A kiállított darabok közül legrégibb nyomtatott Haggáda Konstantinápolyban készült, 1514–16-ban. Sok régi, nyomtatott Haggáda mellett modern Haggádákat is bemutatnak, természetesen Magyarországon készülteket is. Számos szédertálban (például a Pesaróban 1652-ben készült tál), ritka óntálakban,

Herenden készült, kézzel festett tálakban, emeletes tálakban, széderesti serlegekben és szédertál-takarókban gyönyörködhetnek a látogatók.

A kiállítás tartama mindössze két hét, ezért meglepő, hogy a látogatók száma meglehetősen magas, mintegy 1400 fő. Igaz, népszerűségét emeli, hogy kiállítják Herman Lipótnak bibliai ihletésű szárnyasoltárát, amely Ezékiel 37. fejezetének vigasztaló látomásán alapszik az elpusztult, de feltámadt zsidóságról. A szárnyasoltár később külföldre került.

A múzeum egy antifasiszta kiállítás megrendezését is hirdeti, ehhez azonban nincs kellő mennyiségű anyag. A gyűjtést folytatják, s a kiállításra jóval később kerül sor.

Amikor a magyar zsidóság vezetői minden addig önálló intézmény autonóm létének megszüntetését határozzák el, és az intézmények bekerülnek vagy a főváros addig külön-külön működő hitközségeiből megalakult nagy Budapesti Izraelita Hitközség keretébe (így pl. az árvaházak), vagy a Magyar Izraeliták Országos Irodájának keretébe (így pl. az Országos Rabbiképző Intézet), a múzeum is a MIOI intézményévé alakul át. Ettől kezdve neve is megváltozik: Országos Zsidó Vallási és Történeti Gyűjteménynek hívják. A közvélemény azonban továbbra is Zsidó Múzeumnak ismeri.

A kezdeti évek nem túl szerencsések. Az addig igen nagy aktivitást kifejtő, a zsidó művészethez oly kitűnően értő Naményi Ernő eltávozik az országból, és hiába Grünvald Fülöp az igazgató, a magyar zsidóság történetének kiemelkedő tudósa, a nehézségekkel nem tud megbirkózni. Az intézmény voltaképpen fennállása óta mindig egy kicsit mostohagyermek volt, és most különösen azzá válik. Fenntartására is alig jut pénz, fejlesztéséről szó sem lehet. Így amikor a rossz tetőzet miatt az épület több helyen beázik, a múzeumot megint be kell zárni.

A náznánfalvai, fából készült templom darabja. Festett. Ltsz.: 66.8

Végül is a Conference on Jewish Material Claims Against Germany Kulturális és Nevelésügyi Osztálya vállalja az antifasiszta kiállítás megrendezésének költségét. Ez teszi lehetővé, hogy a templom egy használaton kívüli szomszédos termét a múzeumhoz csatolják, és megrendezhessék a magyar zsidóság legszomorúbb korszakának, a fasizmus alatti tragédiának történetét bemutató kiállítást. A kiállítás rendezésének időpontjában a Pesti Izraelita Hitközség rendbehozatja az épületet is.

Az antifasiszta kiállítás kronologikus sorrendben, eredeti dokumentumok, fényképek, fotókópiák tükrében mutatja be a magyar zsidóság pusztulását. Most sem áll rendelkezésre azonban elegendő pénz, nem készülhetnek nagyméretű fotók, nyomtatott szövegről, plakátról, röplapról messziről is olvasható, nagyméretű szövegmásolatok. Mondanivalója – így hittük, amikor a kiállítást rendeztük, és későbbi tapasztalataink alapján határozottan állítjuk – így is egyértelmű és döbbenetes. Sok tízezer, messziről jött látogató, akiknek országát elkerülte a hitleri megszállás, itt tudja meg igazán, hogyan pusztult el oly sok magyar zsidó, sok fiatal itt tanulja meg, mit jelentett a fasizmus.

A múzeumban évekig nagyobb események nélkül telnek az évek. Az intézményben mindössze hárman dolgoznak, Grünvald Fülöp és két munkatársa.

1963-ban e tanulmány szerzője veszi át a múzeum irányítását.

Hosszú idő elteltével, 1966-ban nyílik ismét kiállítás: bemutatjuk a theresienstadti táborban készült gyermekrajzokat, a prágai Zsidó Múzeumtól kölcsönkapott anyagot. Ezt a gyermekrajz-kiállítást nem lehet megindultság nélkül végignézni. Gyermekrajzok, nem művészi alkotások tehát, de olyan gyermekek rajzai,

Sárga csillaggal megjelölt zsidó a zsidók ingóságának leltározását elrendelő falragaszt olvassa. Fénykép

akiket kiragadva otthonukból, Theresienstadt különleges táborába deportáltak. Ez a tábor ún. kirakatláger volt, a nácik azzal a céllal tervezték, hogy a bennlakók aránylag tűrhető életét bizottságoknak, a Nemzetközi Vöröskeresztnek bemutassák, bizonyítván, hogy a lágerekről elterjedt szörnyű hírek alaptalanok. A „kirakatlágerben" a gyermekeket nem ölték meg deportálásuk első napján, mint Auschwitzban, hanem csak sokkal később; egy ideig még tanulhattak, rajzolhattak, emlékezhettek. Rajzaikban emlékeiket örökítették meg, a várost, az otthont, az elvesztett békés életet.

A kiállításnak rendkívül nagy sikere van, meg kell hosszabbítani. Először kerül a múzeum a televízió képernyőjére, rádióriportok számolnak be az eseményről, és alig jelenik meg Magyarországon olyan fontosabb újság, folyóirat, amely rövidebben, hoszszabban, olykor jelentős tanulmányban ne írna a kiállításról.

A következő évben Perlmutter Izsák festményeiből rendezünk kiállítást. A kiállítás magvát a múzeumban őrzött Perlmutter-hagyaték alkotja, és ezt egészítjük ki a Nemzeti Galériából kölcsönkapott anyaggal. A kiállítássorozatot azonban nem lehet folytatni. Az épület második emelete, ahol az ideiglenes kiállításokat rendezzük, olyan rossz állapotba kerül, hogy oda látogatókat beengedni már nincs mód.

A múzeumban több évtizeden át két állandó kiállítás látható. Az első történeti terem a magyar zsidóság életének főbb eseményeit mutatja be a kezdetektől a második világháború végéig. A második történeti teremben a már vázolt antifasiszta kiállítás anyaga szerepel.

Kétségtelenül a történeti anyag a legjelentősebb. A múzeum vezetői és beosztottai már a megalapítás előtti időktől kezdve módszeresen és rendszeresen igyekeztek összegyűjteni mindazokat a dokumentumokat, amelyekből összeállítható a magyar zsidóság története. A legrégibb darab egy III. századi zsidó sírkő; ezt a múlt században találták Esztergomban, és csere útján került a gyűjteménybe, minthogy sem a prímási adminisztrációnak, sem a zsidó kulturális élet vezetőinek nem volt kétsége afelől, hogy méltó helye a Zsidó Múzeumban van (Faragó Ödön, a kitűnő gyűjtő anyagából került három műtárgy az esztergomi Keresztény Múzeumba cserébe a sírkőért). Az esztergomi lelet – több más kővel együtt, amelyek azonban nem a múzeumban vannak (némelyike ugyan másolatban látható) – bizonyítja, hogy már jóval a honfoglalás előtt, amikor az ország mai területének egy része római provincia volt, éltek e területen zsidók. Az első magyar királyok idejéből őrzünk néhány eredeti pénzdarabot, ahol a zsidó pénzverő héber nevének kezdőbetűje szerepel. Az első magyar királyok idején írt kódexek zsidó vonatkozású részletei másolatban láthatók. A hódoltság korát sírkövek és a budai zsidók lakhelyét bemutató néhány metszet dokumentálja. A zsidó összeírások, a *conscriptiók* másolatai a különböző korok zsidóságának számbeli, foglalkozási, társadalmi helyzetére világítanak rá. Az ún. türelmi adónak – a zsidóság különadójának – számos dokumentuma van birtokunkban. Többnyire csak másolatban őrizzük sok okmányát azoknak a kérvényeknek, amelyeket zsidók írtak, hogy letelepedési engedélyt kaphassanak, foglalkozást választhassanak, vagy családot alapíthassanak, azokból az időkből, amikor az élet minden területén zsidó csak külön engedély alapján lakhatott, dolgozhatott.

Bevezetőnkben idéztük Büchler Sándor cikkét, amelyben az óbudai zsidók összefüggő iratanyagáról szól, és biztatja az Óbudai Hitközséget, hogy ezt az egyedülállóan értékes anyagot helyezze el a létesítendő múzeumban. Az anyag valóban hozzánk került, és jelentősége csak nőtt azáltal, hogy a második világháború során szinte valamennyi hitközség irattára megsemmisült. De az *Óbudai Iratok* azért is fontosak, mert keletkezésük idején (XVIII. század vége, XIX. század eleje) a magyar zsidóknak még nincs egységes szervezete,

és ügyes-bajos dolgaikkal a kor két legnagyobb hit-
községének vezetőihez, a pozsonyi vagy az óbudai
zsidó vezetőkhöz fordultak, befolyást és segítséget
remélve. Büchler ismerte az iratokat, és részben fel
is dolgozta azokat, további publikálása pedig a kö-
zeljövőben várható.

Jelentősek a szabadságharcban való zsidó részvé-
tel dokumentumai, valamint a magyar emancipáci-
ós küzdelmet bemutató anyag is.

A legnagyobb a fasizmusra vonatkozó dokumen-
tumgyűjtemény. Számos eredeti forrás, kéziratmá-
solat, sok száz fénykép dokumentálja, hogyan pusz-
tult el csaknem 600 000 magyar zsidó. A történeti
gyűjteménynek ez a legismertebb része, számos
belföldi és külföldi tudós kutatási területe, a tömeg-
kommunikációs szervek forrásanyaga.

Fontos és jelentős a kéziratgyűjtemény: különbö-
ző állami szervek birtokában lévő okiratanyag máso-
latait, jeles szerzők tudományos céduláit, személyi
iratokat, levelezést tartalmaz. Meg kell említenünk
azt a sajtókivágat-gyűjteményt is, amely valameny-
nyi, a két világháború között Magyarországon meg-
jelent újság zsidó vonatkozású tanulmányait, cikke-
it, híreit őrzi, valamint a fényképgyűjteményt, amely
például a régi és a XIX–XX. századi magyar zsinagó-
gák fényképeit, így – ahogyan már említettük – a
háború folyamán elpusztult vagy elnéptelenedett és
ezért más célokra átengedett templomok fotóit is
tartalmazza. Jelentős személyiségek portréi ugyan-
csak láthatók.

A deportálás után elrabolt tállitból, imasálból
készült női ruha. Fénykép

Az évek folyamán az épület állaga egyre rosszabbá válik. Már az első emeletre is átterjed a beázás, a
kiállítások zsúfoltak, nehezen áttekinthetők, és nincs elegendő pénz az épület rendbehozatalára.

Néhány évvel ezelőtt azonban döntő változás következett be. Kulturális kormányzatunk belátta, hogy
a gyűjtemény gazdagsága, sok műkincsének értéke miatt – noha a Zsidó Múzeum nem állami múzeum –
megmentéséért tenni kell valamit.

Amit tettek, azért nem lehetünk eléggé hálásak. A Művelődési Minisztérium jelentős összeggel hozzájárult
az épület rekonstrukciójához és a műkincsek restaurálásához. A Központi Múzeumi Igazgatóság elvégeztette
a restaurálást, új berendezést adott, és a szakemberek mindazt, amit az új kiállítások forgatókönyvében
megfogalmaztunk, valósággá változtatták. A gyűjtemény most végre méltó keretbe került. Elegáns vitrinek
belső lámpasora világítja meg a zsidó vallás válogatott kegyszereit. Az első terem központi helyére a
tóratekercset helyeztük, a könyv ősi formájában, kéziratos pergamentekercsen. Körülötte és a falak mentén
ennek a tekercsnek díszítőelemeit és a szombat megünneplésének valamennyi kegyszerét, magyar és
Magyarországon használt ötvösremekeket sorakoztattunk fel. Díszes templomi függönyök, szépen hímzett
textíliák emelik a terem szépségét.

A következő terembe az ünnepek kegyszerei kerültek, éspedig olyan válogatásban, hogy a magyar
iparművészet remekeit mutassuk be elsősorban. A legjelentősebbek a herendi porcelángyárban készült
világhírű szédertálak. Ebből a teremből kiemeljük még a chanukkai mécses- és gyertyatartó-gyűjteményt
és néhány nagyon szép, kézzel írott, illusztrált, kisméretű imakönyvet.

A szombat és az ünnepek kegyszerei után a hétköznapok kegyszereivel ismerkedhet meg a látogató.
Kiállítottuk a hétköznapokon használt rituális tárgyakat, valamint azokat, amelyeket a vallásos zsidó a
születés, az esküvő és a halál alkalmainál használ.

Ezek közül is kiemelkednek a szép, kézzel írott, illusztrált házassági szerződések és egy különleges kódex.
Ez a valamennyi oldalán illusztrált nagyméretű kódex az 1700-as évek végén Nagykanizsán készült. Mind
szövege, mind illusztrációi nagy figyelmet érdemelnek (lapszéli illusztrációi magyar népművészeti hatást
mutatnak).

A kiállítási termek

Anyagi lehetőségeink sajnos kimerültek, és így a történeti kiállítás megrendezésére egyelőre nem kerülhet sor. Ma ennek az anyagnak csak töredéke látható (így például a III. századi sírkő).

Dokumentumokat, fényképeket, újságcikkeket tár elénk a magyar zsidóság második világháború alatti tragédiáját bemutató kiállítás. Egy-egy fényképpel illusztráljuk a zsidótörvények korszakát, a munkaszolgálatot, a deportálást, a koncentrációs táborokat, a budapesti gettót és annak felszabadítását, végül a háborús bűnösök felelősségre vonását. A kiállítás az Ideiglenes Kormánynak azzal a közvetlenül a felszabadulás után hozott rendeletével zárul, amely érvényteleníti az összes fasiszta zsidóellenes rendeletet és végül az alkotmánynak azzal a paragrafusával, amely az antiszemitizmust büntetendő cselekménynek ítéli. Ideiglenes kiállításon a mai budapesti zsidóság életét sok jellegzetes fénykép tükrözi.

A gazdag gyűjtemény, az elhelyezés harmonikus szépsége, a rendezés egysége a budapesti Zsidó Múzeumot Európa egyik legszebb zsidó múzeumává teszi.

Ez a kötet a gyűjtemény legfontosabb darabjait mutatja be.

JEGYZETEK

1. *Alexander Bernát:* A Millenniumi Kiállításon. Az Izraelita Magyar Irodalmi Társulat Évkönyve (a továbbiakban IMIT Évk.). Bp., 1897. 43–48.
2. *Schulhof Izsák:* Budai Krónika (1686). Héberből fordította: Jólesz László. Bp., 1979.
3. *Szabolcsi Miksa:* Zsidó Gyűjtemények Tára. Egyenlőség XV (1896). 33. sz. 4–6.
4. Uo.
5. *Büchler Sándor:* Az alapítandó zsidó múzeum dolgában. Egyenlőség XV (1896). 40. sz. 2–4. Büchler Sándor keszthelyi főrabbi, egyetemi magántanár, a magyar zsidóság történetének kutatója.
6. Az Izraelita Magyar Irodalmi Társulat (IMIT) 1894-ben alakult. Célja a zsidóság vallásos és tudományos irodalmának publikálása, nyilvános felolvasások rendezése, pályakérdések kitűzése és jutalmazása. Jelentős publikációja az évenként megjelenő Évkönyv, ezekben népszerű tudományos dolgozatokat, novellákat és verseket közölt. Kiadásában jelent meg az első teljes, héberből fordított magyar nyelvű bibliafordítás. Számos, egyéb fontos munkák kiadója is. Évkönyvei e tanulmány fontos forrásai.
7. Zsidó Múzeum archívuma (a továbbiakban Zs. M. arch.). Rendezetlen anyag.
8. Uo.
9. Uo.
10. Zs. M. arch. 82.189.
11. Zs. M. arch. 81.272.
12. IMIT Évk. 1912. 381.
13. Zs. M. arch. 81.321.
14. Zs. M. arch. 80.45., 80.46.; IMIT Évk. 1915. 408–435.; IMIT Évk. 1916. 391–428.
15. IMIT Évk. 1916. 372–374.
16. Zs. M. arch. 80.60.
17. Zs. M. arch. 76.240.
18. IMIT Évk. 1929. 351–352.
19. Szabolcsi Lajos, Szabolcsi Miksa fia, író, újságíró, apjának halála után ő veszi át az Egyenlőség szerkesztését.
20. Zs. M. arch. 80.60.1.
21. IMIT Évk. 1931. 319.
22. Zs. M. arch. 80.124.
23. IMIT Évk. 1931. 324–326.
24. IMIT Évk. 1931. 326.
25. Wertheimer Adolf bankigazgató, műgyűjtő, az IMIT elnöke.
26. Munkácsi Ernő jogász. A Pesti Izraelita Hitközség különböző funkcióiban működött, a múzeum egyik vezetője.
27. Zs. M. arch. 81.294.
28. IMIT Évk. 1933. 280–282.
29. IMIT Évk. 1933. 283–294. Gerő Ödön műkritikus, publicista, sok művészeti társaság vezetőségi tagja. Perlmutter Izsák festőművész, számos kiállításon mutatták be festményeit.
30. Hevesi Simon vallásfilozófus. A Pesti Izraelita Hitközség főrabbija, majd vezető főrabbija, az Országos Rabbiképző Intézet tanára, az Országos Magyar Izraelita Közművelődési Egyesület alapítója.
31. IMIT Évk. 1933. 298–299.
32. IMIT Évk. 1933. 321–332.
33. IMIT Évk. 1933. 306.
34. IMIT Évk. 1933. 306–308.
35. IMIT Évk. 1933. 311–312.
36. Az OMIKE 1908-ban alakult, jelentős kulturális és karitatív céllal. A zsidó főiskolai hallgatók számára Mensa Academicát tartott fenn, a későbbi években kollégiumot is. Segítette a zsidó ipari tanulókat és a rossz anyagi körülmények között élő gyermekeket. A zsidó főiskolai hallgatók számára könyvtárat tartott fenn, tanfolyamokat szervezett a festő- és szobrásznövendékek számára. Jelentős tevékenység az OMIKE színházakciója, ami a fasizmus által a színpadról és dobogókról eltávolított zsidó szerzők, színészek, zenészek számára teremtett megélhetési lehetőséget.
37. Zs. M. arch. 80.60.; Libanon III (1938). 2. sz. 64.
38. Libanon VII (1942). 3. sz. 72–76.; Zs. M. arch. 82.126.
39. Zs. M. arch. 80.82.
40. Zs. M. arch. 82.126.
41. Zs. M. arch. 81.215.
42. Zs. M. arch. 83.5., 80.6.
43. Zs. M. arch. 80.71.
44. AJDC, ismert nevén Joint, nagy nemzetközi segítő szervezet.
45. Zs. M. arch. 81.318.
46. *Kecskeméti György:* Újra megnyitják az Országos Magyar Zsidó Múzeumot. Új Élet III (1947). 27. sz. 6.
47. Új Élet III (1947). 28. sz. 9.
48. Zs. M. arch. 82.22.
49. Új Élet V (1949). 40. sz. 12.
50. 1938. november 9-én a német területen lévő csaknem valamennyi zsinagógát felgyújtották. A gyújtogatás éjszakája, a Kristallnacht a romok között az utcákat ellepő csillogó üvegtörmelékekről kapta nevét.
51. *Katona József:* A 90 éves Dohány utcai templom; *Grünvald Fülöp–Naményi Ernő:* Budapesti zsinagógák. Bp., 1949. Az O. M. Zs. M. kiadása.
52. Új Élet V (1949). 15. sz. 7.
53. A kairói zsinagógában felgyűlt kb. negyedmillió kézirattöredék.

KEGYSZEREK

A Zsidó Múzeum gyűjteménye kis részben tudatos gyűjtés, nagyobb részben hagyományozás, ajándékozás és vásárlás eredményeként alakult ki. A pár ezerre tehető vallási, templomi és magánkegyszer – amelynek zöme az iparművészet körébe tartozik, elsősorban ötvöstárgy – mégis jól tükrözi a nagy múltú magyarországi zsidóság sok évszázados, hányattatásokban bővelkedő, ám fényben, gazdagságban sem szűkölködő történetét.

A zsidók már a III. században, a római kori Pannóniában megjelentek az ország területén. A sírkövek zsinagógát is említenek Intercisa (a mai Dunaújváros) területén.[1] Emlékanyagát azonban a történelem viharai megsemmisítették, éppúgy, mint a következő századokban emelt zsinagógákét is, amelyekről írásos adatok emlékeznek meg.

Budán a tatárjárás után, az 1250-es években telepedtek meg a zsidók. IV. Béla király 1251-ben adta ki privilégiumukat, amelyben többek között zsinagógatartási jogukat is biztosította. A szabadságlevél kiadásában nagy szerepet játszott a király kamaraispánja, Henel comes, aki fiaival a királynéi vámharmincadot is bérelte, 1250-ben pedig az esztergomi pénzverőkamara ispánja volt. 1246–50 között költözött Bécsből Magyarországra. Családjával együtt ő alapította meg az első budai zsidónegyedet. Fényes gazdagságának hírmondója sem maradt, éppúgy, mint az első zsinagóga felszerelésének sem, amelyet a *Budai Krónika* egy 1307. évi eseménnyel kapcsolatban említ.[2] 1364-től kezdve a zsidó negyed a mai Táncsics Mihály utca északi és délnyugati oldalán terült el, itt laktak a mohácsi vész és Buda eleste (1526–1541) közti rövid időszak kivételével a törökök Magyarországról való kiűzéséig (1686).[3] Ezen a területen állt két zsinagógájuk is, melyek közül az egyik a törökök kiűzésekor semmisült meg.[4] A budai hitközség a XV–XVI. század folyamán élte meg legnagyobb felvirágzását, amely Mátyás király trónra lépésétől a török hódoltság kezdetéig, Buda elestéig tartott.

A hitközség gazdag és tekintélyes elöljárói a koronázási és egyéb ünnepségeken nagy pompával jelentek meg. Történetírók jegyezték fel, hogy Mátyás királyt 1464-es székesfehérvári koronázására a budai zsidók fényes menete kísérte. A híres, vagyonos Mendel család egyik tagja 16 csatlóssal lovagolt a király előtt. A zászlót hordozó csatlós után két apród haladt „kiknek ezüst kardját gazdag, remek öv fűzte derekukhoz. Ezeket szintén kardosan Mendel követte nyomában lépkedő kíséröivel…"[5] 1476-ban Mátyás lakodalmi menetén a zsidók a városkapunál fogadták a királyt és hitvesét, Aragóniai Beatrixet. Nyeregben ülő, díszruhás öreg elöljárójuk 32 ezüstös öltözetű lovassal vonult, kezében kivont kard, markolatán 10 font ezüsttel telt kosárral. Mögötte fia lovagolt szintén ezüsttel kosaras markolatú karddal. Utánuk 24 bíborruhás lovag következett, végül a menetet kétszáz turbános zsidó zárta be egy héber feliratú vörös zászlóval, melyet a Dávid-csillag, alatta három aranycsillag, felette meg egy aranyhímzésű korona díszített. A vének mennyezet alatt álltak, köztük az egyik arannyal felékesített tórát tartott a kezében.[6] II. Ulászló királyt budai bevonulásakor szintén tórával várták.[7]

Mátyás király udvarának házi zsidóit, a tekintélyes budai Mendel családot kegyeivel halmozta el, az ország zsidóságának örökös elöljáróivá téve őket. A Mendelek rangjuknak és vagyonuknak megfelelően képviselték a hazai zsidóságot, ünnepélyes alkalmakkor általános csodálatot keltettek megjelenésükkel. II. Ulászló lakodalmas menetében is úgy forgolódott a prefektus, mint a „zsidók hercege". A kiterjedt nyugati összeköttetésekkel rendelkező budai zsidók, de különösen a Mendel család tagjai, továbbá Fortunátus Imre, II. Ulászló király kincstartója, valószínűleg zsinagógájukat is méltó színvonalon szerelték fel, mint ahogy a Mendel család egykori telkén, a zsidó negyed szívében feltárt, közép-európai mértékkel mérve is kiemelkedő késő gótikus zsinagóga maradványai mutatják. Gazdagságukból azonban hírmondó sem maradt, bár történeti dokumentumok tanúsítják, hogy Buda felszabadításakor a császáriak a hitközség 35 tóráját szállították Nikolsburgba.[8]

A Zsidó Múzeum legrégibb kegytárgya a török hódoltság korából származó török munka (20. sz.). Egyszerű, vörösréz rimonpár, gránátalma idomú felsőrésszel, amelynek vésett dísze ugyancsak gránátalma. Felirata szerint Cvi Hers, Dávid fia készíttette 1602-ben.

A rimon a legrégebbi tóradísz. Neve héberül gránátalmát jelent, amely keleten az élet és a termékenység szimbóluma. A Bibliában a főpap ruháját ékesítette. A tóratartók tetejére tűzik, amelynek neve Éc chájim, az élet fája. A legrégibb rimont Palma de Mallorca katedrálisa őrzi a XV. századból. Kelet és Nyugat országaiban évszázadok folyamán a rimon különféle formái alakultak ki. Közel-Keleten máig a hengeres száron viszonylag kis, kerek fejű típus uralkodik, míg a nyugati országokban felépítése architektonikusabb, áttört torony alakú. A XVIII. században koronával ékesített variációk jöttek létre, kis harangocskákkal, melyek a Tóra hordozásánál csilingelnek. A Zsidó Múzeum legművészibb kegytárgya egy felirata szerint 1700 (?) körül készült olasz rimonpár, amelyet Ábrahám Szófér 1701-ben adományozott (19. sz.). Mesterjegye szerint Angielo Scarbello d'Este ötvös készítette Padovában (említve: 1730–1744). Itáliában alakultak ki a rimon legtökéletesebb formái. Megformálásukban az ötvös minden művészi és technikai készségét latba vetette. Mind a forma, mind a technikai kivitel tökélye bámulatra méltó ezen a remeken is, amelynek analóg példányát a jeruzsálemi Israel Museum őrzi. A részleteiben miniatúraszerűen finoman megmunkált, háromemeletes rimon az európai ötvösség kimagasló alkotásai közé tartozik, a barokk fény–árnyék hatását kiaknázó lendületes formaadásban éppúgy, mint a kagylódíszek kapcsolódásainak variációiban, a rácsos erkélyekkel záródó fülkékben a jeruzsálemi szentély apró, aranyozott öntött tárgyainak ábrázolásaiban. A budapesti példány gazdagabban kialakított, mint a jeruzsálemi, aljáról is két sorban csüngenek a függelékek.

Ausztriával és Németországgal a magyar zsidóságot a legújabb időkig élénk családi, kereskedelmi, pénzügyi és kulturális kapcsolatok fűzték össze. Így kézenfekvő, hogy a múzeum többi rimonja – a Krivoj Rog-i, elefántcsontból készült kivételével (30. sz.) – főleg a közép-európai ötvösség osztrák ágához kapcsolódik. Egyszerű kialakításúak, hengeres szárukon a korra jellemző stílusú vésett levéldíszítéssel, tetejükön egyszerűbb vagy gazdagabb megjelenésű, elég nagy nyitott koronával, bennük csengővel. Sok közülük bécsi mesterek munkája. Kevés variációt mutatnak, ami egyben a zsidó hagyományőrzés jele is. Tetejüket plasztikus, kétfejű heraldikus sas vagy a Tízparancsolat két kőtáblája zárja le. Különleges kialakítású a bécsi K. I. mester által 1818-ban készített, pálmafát utánzó rimonpár, a lehajló ágak között csengőkkel (27. sz.).

A tárgyi emlékek a XVIII. század közepétől kezdve sokasodnak. A pesti gyülekezet rimonpárja 1754-ben készült Joseph Bőheim bécsi ötvösnél (21. sz.). Lehetséges, hogy később került a hitközség tulajdonába, mert ebben az időben még nem volt hitközség Pesten. A város a törökök kiűzése után 100 évig nem engedett be területére zsidókat, így a hitközség megalakulása csak 1787-től számítható.

A budai hitközség, a törököktől való felszabadulás után állandó küzdelmet folytatva a városi elöljárósággal, már csak tengődött, míg 1746-ban végleg kiűzték őket a városból. A száműzött családok közül többen az akkor gróf Zichy Péterné földesúri oltalma alatt felvirágzó Óbudára költöztek, mely a XVIII. században Buda vezető szerepében osztozott az akkori fővárossal, Pozsonnyal.

Óbudára a zsidók a XVIII. század első évtizedében költöztek be, az 1737-es összeírás szerint már 43 család lakott itt. Zsinagógájukat 1738-ban említik először.[9] Trebitsch Ábrahám 1746-ban azt írta róluk, hogy már nagy hitközség, „telve bölcsekkel, gazdagokkal, tehetősekkel".[10] A kereskedés mellett iparral is foglalkoztak, kézművesek is voltak köztük.

Az első templom felszereléséhez tartozhatott a Zsidó Múzeum XVII. századi magyar talpas pohara (2. sz.), oldalán három vésett koszorús medalionban antik harcosfejekkel, melyet felirata szerint az Óbudai Szent Egylet 1749-ben készíttetett (ebben az esetben ekkor szerezték be). Az egyszerű, e korban széles körben használatos ivópohár szemléletes példája annak, hogy polgári célra készült edények, poharak, serlegek, cukortartók váltak idők folyamán a zsidók kultikus tárgyaivá. Ez a funkcióváltozás egész Közép-Európában megtalálható nemcsak a zsidóknál, hanem más vallásúaknál, például a reformátusoknál is. Ugyanez vonatkozik arra a XVII. század eleji magyar, ún. gyapjas pohárra is, amely szintén a Zsidó Múzeum korai ötvöstárgyai közé tartozik (1. sz.). Ilyen, később zsidó rituális célokra használt világi ezüstserlegekből, poharakból a múzeum egész sor színvonalas európai ötvösmunkát őriz.

Az askenázi (a Németországból elszármazott) zsidók hagyománya az Éc chájim fölé tórakoronát (keter) vagy rimont helyez, a szefárd (a Spanyolországból elszármazott) zsidók viszont néha sisakot. Az északi országokban évszázadokon át az volt a szokás, hogy a tórasisakot szombaton, a tórakoronát pedig a többi ünnepen használták. A múlt század vége óta ez mindinkább feledésbe merült.

Tórakoronát a korai középkor óta említenek, de általában a XVII. századtól maradtak fenn. A korona díszítése virágos növényinda, emlékeztetve arra, hogy a koronát megelőzően a tórát a virágkoszorúval övezték. Ezenkívül madarak, állatok (oroszlán, szarvas, sas, leopárd), csengők és a díszesebb kivitelűeken drágaköves díszítés is található.

A budapesti Zsidó Múzeum birtokában lévő legrégibb, részben aranyozott ezüst tórakorona hat ágát hat, egymásra néző, ágaskodó, öntött oroszlán képezi (31. sz.). Krakkóban készült, a XVIII. század közepén. Több hasonló darab is ismeretes, például a jeruzsálemi Israel Museumban és a krakkói zsidó hitközség tulajdonában. A párizsi Kugel-gyűjtemény – a budapesti példánynál díszesebb kialakítású – tórakoronája viszont bécsi jelzésű.[11] A budapesti múzeum többi tórakoronája részben Bécsben, részben Pest-Budán készült, a történeti helyzetből adódóan az osztrák és német zárt koronás típusúak mintájára.

A XVIII. század második felétől kezdve a magyar, de különösen a XIX. században a vezető szerepet átvevő pest-budai zsidóság megrendeléseivel látta el a hazai, pesti és budai ötvösöket, akik nemegyszer főműveiket készítették a zsinagógák számára, mint például a pesti Schwager János Mihály és Müller János Mihály az óbudai zsinagóga számára. Mindkettő különleges, rimonpárral egybeépített formájú tórakorona típusában csak egymáshoz hasonlít, ami a megrendelő kifejezett igényére utal. A korábbi – bár felirata szerint későbbi – Schwager János Mihály 1774–1781 között készült műve (34. sz.). Alul kettős csavart pálcás abroncsát poncolt és trébelt akantuszleveles palmettasor díszíti. A rimonok kis csavart oszlopokkal kapcsolódnak a palmettákhoz, ívelt barokk rácsozattal körülvéve, amelyek a csengőcskéket tartják. Schwager János Mihály (kimutatható: 1760–1791), aki a rimon készítése idején a céh jelzőmestere volt, a XVIII. század utolsó harmadában működött.[12] A pesti céh legszínvonalasabb mesterei közé tartozott, aki különösen a trébelést űzte magas fokon. Munkáin rokokó és copf díszítmények keverednek egymással. Az óbudaiak tóradíszén és a hozzá tartozó, 1779-ben készült négyoszlopos, gyümölcsfüzéres és gyöngysoros baldachinos tóravért lehiggadt formaadásában már copf stílusjegyek uralkodnak (37. sz.).

Schwager formaképzését és ornamentikáját vette alapul másfél évtizeddel később Müller János Mihály, aki 1781-től működött Pesten.[13] Az abroncskorona kialakításában alul gyöngysort alkalmazott, de a felső, ornamentális részben még a rokokó lágyan hajló kagylós ívei térnek vissza (35. sz.).

Az askenázi hagyomány szerint a tóraköpenyre láncon tóravértet (tász) akasztanak, amely ugyancsak a tóradíszhez tartozik. A szefárdok nem ismerik. A fennmaradt legkorábbi tóravértek a XVII. század elejéről származnak, közepükön négyszögletes kis nyílással, amelybe az ünnepjelző táblácskákat illesztik. A főpapi öltözet melldíszére emlékeztetnek, amelyet Izrael 12 törzsének szimbóluma gyanánt 12 színes drágakő ékesített. Talán ezért alkalmazták néhány tóravérten a színes ékköves díszítést. A tóravért formája az évszázadok során a korstílusokkal együtt változott. A legkorábbiak négyszögűek, a későbbiek fent félkörös záródásúak vagy oválisak. Technikájuk változatos, trébelt, áttört, esetleg filigrános. A korstílusokra jellemző stilizált növényi díszítés mellett a zsidó szimbólumokat is ábrázolják rajtuk, leginkább a két kőtáblát, heraldikus oroszlánokat, Juda oroszlánjait a Tóra koronáját tartva, szarvasokat, az elpusztult jeruzsálemi templom két csavart oszlopát, a Jáchint és Boázt; de az emberalak is előfordul Mózes és Áron figurájában.

A budapesti Zsidó Múzeum a tóravértek gazdag sorozatát őrzi. A legkorábbi a Pesti Chevra Kadisa tóravértje 1754-ből, Joseph Bőheim műve (36. sz.). Tóraszekrény alakú, két oldalán két, csavart oszlopon álló oroszlánnal, felül koronával. A múzeum legtöbb vértje bécsi mesterek munkája, főleg a XIX. század elejéről, amikor a pest-budai zsidóság jóléte ugrásszerűen emelkedett. Kettőt Mózes és Áron alakja díszít, fent koronás baldachin alatt a két kőtáblával (39., 40. sz.), négyet ágaskodó oroszlánok, hármon oszlopok tetején állva (41., 43., 44. sz.). Ez a forma maradt uralkodó a XIX. század közepéig, mert a pesti Cseh Pál (említve: 1854–1868)[14] arany- és ezüstműves 1864-ben, valószínűleg megrendelői kérésére, így képezte ki a maga neobarokk, rocaille díszű tóravértjét, kétoldalt egy-egy oszlopon álló, a törvénytáblák fölé koronát tartó oroszlánnal (43. sz.).

Különleges a részben aranyozott ezüst, egész felületén filigrándíszes, csipkézett szegélyű tóravért, közepén két oszlop között szamárhátíves, nyitható szekrénykével, bennük a törvénytáblákkal (38. sz). Felette keleties jellegű, nagy nyitott, kicsúcsosodó gömbben végződő korona. Ez a díszítmény látható az oszlopfejeken is. A türkizkövek is a keleties, balkáni eredetre utalnak. Átszámított vésett héber évszáma 1770, de a tárgy valószínűleg korábbi; esetleg a török hódoltság végéről (XVII. század vége) származhat.

A Tóra betűit kézzel nem szabad érinteni, ezért alkalmazzák a tóramutatót (jád). Héber neve kezet jelent; jogar formájú, kinyújtott mutatóujjú jobb kézben végződik. Hosszú láncon a tóraköpenyre akasztják. A középkorban még nem volt ismeretes, a XVI. századtól kezdve említik a források. Általában ezüstből készül, de a budapesti Zsidó Múzeum néprajzi különlegességként egy fából faragott székely tóramutatót is őriz a XIX. század végéről (49. sz.). A tóramutatók fogója a stílusváltozásoknak megfelelően alakul, néha gömbös, néha kocka alakú; rúdja hengeres, csavart vagy négyszögletes lehet, drágakövekkel kirakva, esetleg zománcozva is.

A XIX. század első feléből származó TH mesterjegyű prágai tóramutató az egyszerűbb, konvencionális, közép-európai típust képviseli, a csavart szárból kiinduló mutatóval (45. sz.). Harmonikus darab az 1836-ból származó, négyszögletes szárú tóramutató, amelyet óbudai ötvös, Adler Fülöp[15] készített (48. sz.). Munkásságáról az óbudai ötvösök kapcsán még szó esik. Ugyancsak négyszögletes szárú, kiegyensúlyozott munka a budai céh vezető ötvösének, id. Gretschl József Károlynak (1799–1886)[16] 1834-ben készült tóramutatója (46. sz.). A mester sokat dolgozott a fővárosi zsidó hitközségek számára. A bemutatott anyagban is több műve található.

A kézmosásra szolgáló kannákat és tálakat a kohanita áldás előtti szimbolikus kézmosás alkalmával használják. Formájuk nem tér el a világi célokra készített edényekétől, nemritkán csak a héber felirat utal a rituális rendeltetésre. Ha megrendelésre készültek a kohanitajelvények, vésett vagy trébelt áldó kezek láthatók rajtuk. A szegényebb hitközségek számára ónból készültek, a tehetősebbeknek ezüstből.

A budapesti Zsidó Múzeum ónozott vörösrézből készült kétfülű bögrécskéje egyszerű, valószínűleg magyar falusi kézműves munkája lehet a XVIII. századból (50. sz.).

Az 1834-es, héber feliratú ónkancsó és a hozzá való négykaréjos mély tál már igényesebb magyar munka a XVIII. század közepéről, de felirata és évszáma szerint csak később használták rituális célra (51., 52. sz.). Kiemelkedően szép az 1757-es, Frantz Lintzberger által készített ezüst levitakancsó (53. sz.). Egy piskóta idomú tál P. D. monogramos bécsi mester műve; csaknem 100 évvel később, 1845-ben adományozták a Pesti Chevra Kadisának (54. sz.).

A magyar ötvösség kimagasló remeke a XVIII. század végi Pest legjelentékenyebb ezüstművesének, id. Prandtner Józsefnek[17] 1797-ben készített levitakancsója (a Lévi törzs leszármazottai; a kohaniták áldása előtt szimbolikusan megmossák az áldó kezet), amelyhez mosdótál is tartozott, de ez 1935 óta nincs meg (55. sz.). Az ováls nagy tál peremét ugyanaz az indás, leveles, apró virágos minta díszítette, mint az elegáns kancsó nyakát, talpát és hasát. Teste alján magasan trébelt lándzsaleveles dísz, kiöntőjén gyöngysor, füle kígyóból alakított. A klasszikus ihletésű forma lendületes vonalvezetésével a közép-európai empire ötvösség nagy formakultúrára valló alkotása.

Szerényebb, de jó arányú a Pesti Chevra Kadisa 1824-ben, ugyancsak pesti mesternél, Schmidt Ferencnél (működött: 1820–1865)[18] rendelt funkcionális formaadású kohanitakorsója, hasán elöl trébelt kohanita jelvénnyel (56. sz.).

A múzeum birtokában lévő serlegek (kiddus serlegek, a szombati és az ünnepeket köszöntő boráldás serlegei), poharak gazdag sorozata a XVII. század végétől napjainkig tartó időszakot öleli fel. A legtöbb híres németországi ötvösközpontból (Augsburgból, Nürnbergből) származik, de osztrák, magyar, lengyel, sőt orosz is van köztük. Gyakran világi rendeltetésűek voltak, de héber felirataik szerint később rituális célokra használták őket. Nem egy közülük kiváló ötvös munkája, mint a Pesti Chevra Kadisának 1836-ban adományozott talpas „szőlyőfőpohár", a nürnbergi Georg Müller (1624–1660) munkája (4. sz.), vagy az ugyancsak nürnbergi, 1609-ben mesterré lett Hanss Reiff kétsoros, magas trébelésű, kagylódíszes fedeles kupája (5. sz.), továbbá az a XVII. századi augsburgi fedeles serleg, amelynek hengeres testét három medalionban „Solon, Cyrus rex, Pythagoras" trébelt mellképe díszíti (94. sz.). A rávésett etrog-áldással vált liturgikus edénnyé. A kanizsai hitközség beteglátogató egyletének akantuszlevél-indás fedeles kupája a Salzburgban működő H. C. mester műve (9. sz.). A XVIII. század elején készítette Johann Wagner (1677–1725) augsburgi ötvösmester a Pesti Chevra Kadisa három, gömbös lábon álló, fehérezüst trébelt virágszállal díszített, elegáns fedeles poharát (13. sz.). Ezek a fedeles kupák, serlegek eredetileg reprezentációs célokat szolgáltak.

Rituális célra készült Varsóban a XVIII. században az egyiptomi tíz csapás ábrázolásával díszített hólyagos pohár (14. sz.), valamint az orosz ötvösség jellegzetes technikájával, a niellóval ékesített, 1804-ben Moszkvában készült pohár, Mózes életét ábrázoló jelenetekkel (15. sz.). Egyszerű ivóserleg Lőw Lipót nagykanizsai főrabbi 1844-es emlékpohara (16. sz.) és az Óbudai Chevra Kadisa 1851-es, ifj. Gretschl József budai mester által trébelt, a kor jellegzetes neobarokk formaadását mutató, függőlegesen bordázott serlege (17. sz.). A modern magyar ötvösséget képviseli Tevan Margit (1901–1978) figurális díszű fedeles Élijáhu-serlege 1937-ből, amely a művész jellegzetes, a Bauhaus formavilágára utaló vonalvezetését mutatja (18. sz.).

A gyűjtőperselyeket legtöbbször a Bikur Cholim (szegény betegeket támogató egyesület) és a Chevra Kadisa (a halottakkal és a temetéssel foglalkozó szent egylet) csináltatja a betegek és az elhaltak hozzátartozóinak megsegítésére. A budapesti Zsidó Múzeum több alamizsnagyűjtő tálkát és perselyt őriz az egykori óbudai zsidó templom felszerelési tárgyai közül. A legkorábbi, amelyet héber felirata szerint 1758-ban Dávid lánya, Perl asszony, a templomelöljáró neje készíttetett, ugyan elveszett[19], de megmaradt az 1786-ban (kis időszámítás szerint 546-ban) az Óbudai Chevra Kadisa gábbájai (templomgondnokai) által rendelt félgömbös testú, vízszintes peremű, egyszerű tálka, amely feltehetőleg budai zsidó ötvös munkája.

Óbuda a hazai zsidó ötvösség történetében kiemelkedő szerepet játszott. A céhek a XIX. század elejéig Magyarország-szerte nem engedtek be tagjaik közé zsidót, de Óbudán joguk volt szakmájukat gyakorolni. Bár a zsidók általában kereskedéssel és pénzügyletekkel foglalkoztak, a XVIII. századi összeírások kézműveseket is feltüntetnek közöttük, így aranyműveseket is.[20] 1749-ben, amikor a zsidók Pozsonyban Mária Terézia királynőtől sérelmeik orvoslását kérték, kívánságuk közt volt az is, hogy a zsidó kézművesek és mesteremberek lakhelyükön szabadon és zavartalanul űzhessék mesterségüket. A királynő a panaszok orvoslását a helytartóság hatáskörébe utalta[21], de Óbudán gróf Zichy Erzsébet, majd 1766-tól a kamara védelme alatt mesterségüket szabadon űzhették. A Zichy család ötvöse volt Israel Marcus, aki 1755 júliusában gróf Zichy Miklós számára ezüstsarkantyút készített. Az 1767-es Pest megyei összeírás Óbudán három aranyművest említ, Israel Marcust, Leebl Goldsmitet és Salamon Véért. Az 1803-as *conscriptio* az aranyművesek céhét is említi. Óbudán és Pozsonyvártelken a XVIII. század végétől kezdve már próbajelük is volt, mesterjegyeket is használtak, ami a sajnos ma már elveszett, az óbudai templom felszerelési tárgyaihoz tartozó 1815-ös ezüstpoháron is látható volt, amelyet héber felirata szerint Móse Córéf (aranyműves) és felesége adományozott a Chevrának.[22] A XIX. század elejétől kezdve a zsidó aranyművesek száma fokozatosan emelkedett.

Egyszerűbb, főleg rituális tárgyakat készítettek, mint az óbudai zsinagóga említett alamizsnagyűjtő tálkáját, tóramutatókat vagy az óbudai zsinagóga tórához felhívó, vékony ezüstlemezből kivágott, vésett leveles díszű, négyszögletes táblácskájának nyeles keretét (felirata szerint 1781-ben). Jellegzetes technikájuk a vékony ezüstdrótból hajlítgatott filigránkészítés volt, amelyet a XVIII. század utolsó évtizedeitől kezdve kisebb templomi felszerelési tárgyakon, fűszertartókon, keresztelőérméken, díszmagyar ruhagombokon, pitykéken, csatokon, pipakupakvereteken használtak. A filigrántechnika, amely Közel-Keleten igen kedvelt volt, a középkor után a XVII. század végén újult fel a délnémet ötvösközpontokban, különösen Münchenben, Schwäbisch-Gmündben. Az osztrákok és zsidó kereskedők közvetítésével Magyarországon is hamar elterjedt. A technika Csehországban, Lengyelországban és Ukrajnában a XVIII. század végétől virágzott. A filigrán általában növényi díszű, de figurákat, mint például heraldikus sast is kialakítottak belőle. Filigrános tárgyak a prágai gettó műkincsei között is szerepelnek. A technikát az óbudai mesterek előszeretettel használták, de a pesti és budai ötvösök is gyakorolták, akik a zsidók részére ezzel a technikával kegyszereket is készítettek.

Valószínűleg óbudai zsidó ötvös műve a XVIII. század végéről a Zsidó Múzeum részben aranyozott ezüstfiligrános rimonpárja, tetején levéldíszes, nyomott gömbben végződő kis koronával, benne csengővel (29. sz.). Ilyen kis gömbszerű koronával záródik az ugyancsak rúd alakú szárú, a XVIII. század közepéről származó lengyel rimon a párizsi Kugel-gyűjteményből, amely a frankfurti Synagoga-kiállításon szerepelt.[23]

1820-tól mutatható ki Polák József ötvös munkássága, aki ebben az évben készítette öt darabból álló, filigrános tórakészletét, de filigrános kosárkákat (Budapesti Történeti Múzeum) és keresztelési éremfoglalatokat is (Magyar Nemzeti Múzeum) ismerünk tőle; filigránművekkel foglalkozott az 1820-ban kimutatható Engel Sámuel is.[24] A művei szerint 1825-től működő Adler Fülöpöt 1836-ban készült tóramutatójával kapcsolatban már említettük, ő is készített filigrános munkákat.

Az óbudai hitközség azonban hazai és külföldi ötvösöktől egyaránt vásárolt. 1802-ben szereztek be a pesti Müller Antal (1789–1815)[25] ötvöstől egy, a régiek mintájára készített, félgömbös testű gyűjtőtálkát (57. sz.). 1815-ben Czigler Pál (1769–1824)[26] budai ötvösmester készített számukra hasonló gyűjtőtálkát, amelyet az elöljárók Icig Totisz imaházának pénzéből vásároltak meg (58. sz.). A jól bevált formához ragaszkodtak, 1859-ben ugyanilyen tálkát rendeltek a pesti Cseh Pál (említve: 1854–1868) ötvösmesternél is (67. sz.). A forma elegánsabb változatát készítette talpas tálka formájában, három osztással 1841-ben a gyakran foglalkoztatott, korábban már említett id. Gretschl József Károly (61. sz.). Pasperger Ferenc (1775–1834)[27] pesti főcéhmester 1822-ben az Óbudai Chevra Kadisa számára empire vonalú, elegáns gyűjtőperselyt készített, fedelén nagy plasztikus ülő oroszlánnal, kígyó alakú füllel (60. sz.). Különleges formájú a nagykanizsai hitközség Corn Sagg von Sach bécsi ötvöstől rendelt, téglatest alakú perselye, elöl két csavart oszlopról lógó örökmécsessel (65. sz.). A bécsi Th. Mayerhoffer a nagykanizsai egylet számára 1848-ban készítette fedeles perselyét (64. sz.). Schmidt Ferenc pesti ötvös (működött: 1820–1865) 1855-ös neobarokk, kancsó alakú perselye gazdagon trébelt, rocaille-os virágdíszű (63. sz.).

A fűszertartó, amely a zsidó kultikus tárgyak között a leggazdagabb fantáziával kialakított, a Hávdálá-szertartás elmaradhatatlan kelléke. A Hávdálá (szombatbúcsúztató) fő tartozéka a jó illatú, mirtuszból, fahéjból stb. készült fűszerkeverék, amelyet e célra készített tartóban (beszámim) őriznek. Használata az *Énekek énekének* 5:13. versére utal: „Orcái mint fűszeres virágágyak, illatszerekkel teli tornyok." A fűszertartók anyaga leginkább ezüst, de ónból, rézből, fából is készülhetnek. A fűszerek használata már az I. századból ismert, de a fűszertartók formája Németországban fejlődött ki a középkor folyamán. Írásos forrás említi, hogy a

XV. század egyik leghíresebb rabbijának, a regensburgi Israel Isserleinnek (1390–1460) már volt az otthonában, az olasz David Reubeninek 1536-ban pedig már két, ezüstből készült fűszertartója is volt.[28] A legkorábbi darabok torony alakúak. Ez a hagyományos, egyben leggyakoribb forma, talán a középkori őrtorony mintájára, emeletein áttört erkélyekkel, nyitható ablakokkal, tetején zászlóval, néhány tornyocskán órával és őrökkel is. A középkor végi fűszertartók még a falazás mintáját is utánozzák. Ilyen fűszertartót ábrázol egy 1590-es német liturgiai könyv.[29] A legkorábbi, XVI. század közepi darabok Németországból maradtak fenn. Használatuk a XIX. században vált állandóvá az askenázi zsidó otthonokban. A zsidó rituális művészet hagyománytisztelete megőrizte, sőt korunkban újragyártja a régi formákat.

A budapesti Zsidó Múzeum egész sorozat torony alakú ezüst fűszertartót őriz. A legrégebbi nürnbergi ötvösjeggyel készült, a XVII. század végén (69. sz.). Több darab XVIII. századi kelet-európai filigránmunka, de van köztük olyan is, amely más óbudai ötvösmunkákkal összehasonlítva óbudai zsidó ötvösök munkájának tekinthető, mint pl. a négy emberi talpon álló kétemeletes tornyocska, tetején karéjokban áttört gömbön zászlóval (73. sz.).

A XVIII. századi torony formájú fűszertartók régebbi típusát, az egyemeletes, toronykörüljárós, órás téglaépületet utánzót képviseli a múzeum GG mesterjegyes nürnbergi darabja (76. sz.).

Ugyancsak a XVIII. század végén készülhetett a falazást utánzó, bekockázott, hengeres testű fűszertartó, szárán trébelt álló levélgallérral (75. sz.).

Érdekesek a pest-budai fűszertartók is, melyek közül különleges szép filigrántechnikájával kitűnik az évbetűje szerint 1806–10 között készült, négyszögletes talpú, kétemeletes, gömbben végződő, kupolaszerűen hajlított tornyú darab, amelyet Meitinszky Vilmos céhen kívüli[30] (talán zsidó) vagy Messerschmied Vince pesti ötvös készített (77. sz.). Felépítése, sőt a filigránminta kialakítása is rokon a jeruzsálemi Israel Museumban 1982-ben rendezett fűszertartó-kiállításon bemutatott, évbetűje szerint ugyancsak 1806–10 között Máthé Ferenc pesti ötvös által készített, a Hanfield-gyűjteményben található fűszertartóval[31], csak annál kisebb. Máthé Ferencnek eddig csupán kisebb munkáit, mentekötő láncát és gombgarnitúráját ismerte a kutatás az 1800 körüli évekből. Hozzájuk hasonlóan lágyan csavarodó indán gyümölcs- és virágmintát mutat a XIX. század első felében a budai Gretschl-műhelyben készült, áttört gömbben végződő, torony alakú, négy palmettás lábon álló fűszertartó (72. sz.). Teljesen más, nyolcas idomokból hajlított félköríves ornamentikájú annak a négyszögletes talpon álló, erkély nélküli torony formájú fűszertartónak a kiképzése, melyet beütött 13-as finomsági jele szerint valószínűleg ugyancsak Magyarországon készítettek, a XIX. század első felében (79. sz.). Hasonló kialakítású a már idézett jeruzsálemi kiállítás 34-es számú darabja, amely szintén magyar lehet.

1831-ben készült – valószínűleg Magyarországon, a kanizsai hitközségnek – a múzeum legtagoltabb, kis körökből hajlított indás, karcsú, torony alakú, káméával és színes üvegkövekkel gazdagított fűszertartója, melynek négyoldalú magas talpa még a XVIII. századi típuskialakítást követi (81. sz.). Ezt a formát vette alapul a XIX. században a pesti Cserekviczky Ignác (említve: 1854–1868) ötvös 1860 körül készített műve (82. sz.).

1810–24-es adóbélyege szerint feltehetően Bécsben készült a múzeum háromemeletes, torony alakú, filigrános fűszertartója, gömbös tetején szarvas alakú zászlócskával és sófárt fúvó figurával (80. sz.) Az idézett jeruzsálemi kiállításon egy analóg példány szerepelt a Wiesbaden-gyűjteményből.

Kelet-Európában, talán Lengyelországban készült a XIX. században a magas talpon álló, háromemeletes, kupolaszerűen záródó tornyú fűszertartó (74. sz.) és az ívelt, nyolckaréjos magas talpon álló, gránátgyümölcsöt idéző edényke (78. sz.), amely átvezet a Lengyelországban és Kelet-Európában oly kedvelt, naturalisztikus gyümölcs formájú, miniatúraszerűen kialakított alkotásokhoz. 1830 körül Krakkóban készült egy ilyen művészi, körte alakú munka, melynek szárán oroszlán nyúl a gyümölcsös ág után (71. sz.). Hasonló, de egyszerűbb kialakítású, szintén lengyel darabokat mutatott be az idézett jeruzsálemi fűszertartó-kiállítás.

A változatos formájú, naturalisztikus fűszertartók közül érdekes a múzeum apró tehén (88. sz.) és mozdony alakú (89. sz.) tartócskája a XIX. század második feléből; valószínűleg magyar, pest-budai, a mozdony talán óbudai ötvös munkája. A mozdonykának analóg darabja szerepelt a jeruzsálemi fűszertartó-kiállításon is egy mozgatható elemekből álló halacskával együtt. Ilyen halacskát a budapesti gyűjtemény is őriz; hitelesítőjegye szerint Párizsban, 1809–10-ben készült (84. sz.).

Szép darab az apró imakönyv formájú filigrán tartócska, amely valószínűleg magyar mester munkája ugyancsak a XIX. századból (86. sz.).

A kis, galamb alakú tartó Magyarországon készülhetett (83. sz.), míg a sárgarézből öntött, áttört, karcsú gondola felsőolasz, talán velencei munka a XIX. század végéről (87. sz.).

Nem fűszertartónak szánták az 1836-ban Bécsben készült gyertyakoppantó-olló alakú fűszertartót, a hozzá való finom vonalú, trébelt, kagylós-leveles díszű tálcával (85. sz.).

A zsidó újév, a Rosh Hásháná, a magába szállás, a lélekvizsgálat, a bűnbánat ünnepe. A bűnbánatra leginkább a kos szarvából készített kürt, sófár szólítja fel a gyülekezetet az újévi istentiszteleten. A kürthöz az állat szarvát hagyományos formára hajlítják. Általában teljesen dísztelen, csupán a végei cakkozottak, de héber felirat is lehet rajtuk. A bűnbánat idejét az engesztelődés napja, a zsidóság legnagyobb ünnepe, a Jóm Kippur fejezi be. Ismét megszólal a sófár, amely Izsák áldozatára emlékeztet, és a bűnök megbocsátását hirdeti.

A budapesti múzeum fekete, szaruból hajlított sófárja teljesen egyszerű, csupán két bekarcolt díszű gyűrű tagolja (90. sz.) Feltehetőleg a XIX. század elejéről, Tuniszból származik.

Újév napján a Kiddusnál a családfő egy mézbe mártott almagerezdet nyújt a család tagjainak. Néhány családban ennek tartására külön edényt, tányért használnak, a budapesti Zsidó Múzeum viszont egy XIX. század közepi, a cseh, giesshübli gyárból származó porcelán, fedeles mézescsuprot őriz, amely festett héber felirata szerint külön erre a célra készült (91. sz.).

Az ünnepek hagyományos öltözete a fehér vászon kitli, amelyet derékban csatos öv fog össze. A múzeum ezüstből trébelt, XIX. század eleji bécsi csatja a Tóra koronáját ábrázolja, két heraldikus oroszlánnal, Juda oroszlánjaival (92. sz.). Izsák feláldozása is gyakran szerepel ezeken a csatokon.

Az *Exodus* 16:23. verse írja elő a betakarítás ünnepét. A Szukkot a három nagy zarándokünnep egyike. Mózes harmadik könyvének 23. fejezete a lombos sátrakban való tartózkodásra szólítja fel a zsidókat („Sátrakban lakjatok hét napig"). A lombsátort szimbolizálja az etrog és a luláb. Az etrog citrom, amelyet külön e célra szolgáló edényben tartanak, ezért rendeltetésének megfelelően gyakran citrom formában alakítanak ki. Az ünnepi csokrot, a lulábot pálmalevelekből, mirtusz- és szomorúfűzágakból kötik; a rituális tárgyaknak ezért kedvelt díszítőelemei ezek a levelek.

Sátoros ünnepre készült a múzeum XIX. századi, hullámos peremű német óntálja, öblében az ünnep plasztikus jelenetével (93. sz.).

A gyűjtemény egyik legszebb és legrégibb darabja az egykori Kanizsai Bikur Cholim Egylet tulajdonában volt etrogtartó, tulajdonképpen XVII. századi magyar (?) erdélyi ötvösmunka, eredetileg ékszertálka (95. sz.). A másik két etrogtartó is világi rendeltetésű darab, fedeles cukortartó; az egyik 1744-ben a bécsi I. A. Kölbel (96. sz.), a másik, mitológiai jelenettel díszített pedig 1833-ban Budán, a már említett Gretschl műhelyében készült (97. sz.).

Kijevből származik az az ezüst foglalatú, vésett jelenetes, fedeles kókuszdióserleg, amelynek felirata az ünnepi csokor benedikciója (98. sz.).

Kiszlév 25. napján kezdődik a nyolcnapos Chanukka-ünnep, a fény ünnepe, a jeruzsálemi templom újraszentelésének ünnepe. Ekkor emlékeznek a templom olajának legendás csodájára, amely nyolc napig világított a jeruzsálemi templom megtisztítása után (Talmud, Sáb. 21/b). A Chanukka-ünnep fénypontja a chanukkai gyertyatartó mécseseinek esténkénti meggyújtása. A nyolc lángocska egyben a hit szent lángjának szimbóluma is. A tartón látható kilencedik mécses, az ún. sámesz a többi meggyújtására szolgál. A kelet-európai chanukkai gyertyatartókon gyakran két sámesz is található, kicsit magasabban, mint a többi nyolc.

A chanukkai gyertyatartó eredetileg házi kegyszer, amelynek a római kortól kezdve fennmaradtak példányai. A pad forma a középkorban alakult ki; ma is ez a legelterjedtebb típus. A magasabb hátsó fal előtt egymás mellett sorakozik a nyolc olajtartó mécses, oldalt, kicsit feljebb a sámesz. A hátfal a fennmaradt példányok tanúsága szerint a középkorban és a reneszánsz időszakában háromszögletes volt, s a későbbi századok folyamán körvonala az egyes stílusoknak megfelelően változott, könnyebbé vált, voluták, rocaille-ok tagolták. Formája gyakran zsinagógát idéz. A legtöbb chanukkai gyertyatartó rézből vagy bronzból készült, de néha ónból és vasból is, az értékesebbek pedig ezüstből. Kialakításuk az egyes országokban a korstílusok szerint többféle variációt mutat, amelyet a készítő mesterek művészi képessége és technikai tudása is erősen befolyásolt.

Már a középkori források tudósítanak a zsinagógákban felállított chanukkai gyertyatartókról, amelyeket az úton lévőknek és a szegényeknek állítottak fel, akik otthon nem tudtak mécsest gyújtani. Ezért ezeknek a gyertyatartóknak nagyobbaknak kellett lenniök. Így tértek vissza az elpusztult jeruzsálemi templom hétkarú álló gyertyatartójának formájához, a menórához, amelyet számtalan képi ábrázolás is megörökített, mindenekelőtt a római Titus-diadalív. A legrégebbi menórák a XIV. századból származnak. Formája gyakran szimbolikus fát utánoz, kétoldalt kiágazó karjain levelekkel, bimbókkal és virágkelyhekkel az *Exodus* 25:35. leírása szerint. Idők folyamán a menóra típusú gyertyatartó is bekerült a zsidó otthonokba, kicsinyített formában. A menóra szimbólum (hétkarú), a chanukkai gyertyatartó kegyszer, 8+1 karú, illetve 8+1 mécsest tartalmaz. A chanukkai gyertyatartó kezdetben olajmécses volt, újabban gyertya ég benne.

A budapesti Zsidó Múzeum a chanukkai gyertyatartók gazdag sorozatát őrzi. A legrégibb darab eredetileg Reich Koppel pesti ortodox főrabbié volt, menóra típusú, sárgarézből öntött (99. sz.). Lengyelországban a XVI. század végén vagy a XVII. század elején készült, gazdagon tagolt baluszteres szárral. A XVIII. század közepén a lembergi szent gyülekezetnek ajándékozta Béle asszony azt a nagyméretű, bronzból öntött menórát, melynek talpát oroszlánokból kiemelkedő három oszlop tartja (100. sz.) Ugyancsak a XVIII. század közepén, valószínűleg Lengyelországban készült az a művészi kivitelű menóra (101. sz.), melynek mása 1961-ben a frankfurti Synagoga-kiállításon került bemutatásra az altonai Museum für Landschaft tulajdonából.[32]

A XVIII. és XIX. században a chanukkai gyertyatartók magas támlája általában áttört díszű; madár (sas), szarvas, heraldikus oroszlánok jelennek meg a szimmetrikusan elhelyezett, stilizált levélindák között. Egy rézből öntött gyertyatartón II. József császárnak, a türelmi rendelet kibocsátójának mellképe is látható, kétoldalt két alabárdossal (102. sz.). A múzeum egy másik, lengyel chanukkai gyertyatartójának tetejét Napóleon mellszobra díszíti (105. sz.).

Az olajtartó mécsesek kialakítása is változatos, általában szegletesek, de fedeles halforma is előfordul, mint a múzeum egyik XIX. századi, háttámláján két szarvast, tetején pedig két stilizált madarat ábrázoló gyertyatartóján (103. sz.), melynek egyik változata a frankfurti Synagoga-kiállításon került bemutatásra.[33] A bronz és réz gyertyatartók általában Lengyelországból származnak, ahol a zsidó rézöntők oly magas fokon gyakorolták mesterségüket, hogy a feljegyzések szerint a Dohány utcai nagytemplom gyertyatartóját is tőlük rendelték. Nem művészi jellegű, de a hit megrázó dokumentuma az a puskagolyóból öntött, nyolc székből álló, kezdetleges lengyel ólommenóra, mely az első világháború idejéből származik (109. sz.).

Az ezüstből készült chanukkai gyertyatartók szép példánya a XVIII. század végén vagy a XIX. század elején készült, valószínűleg lengyel darab, templom formában kialakított, gazdagon díszített, filigrános hátfallal, padkáján finom, korsó alakú mécsesekkel, tetején pedig nagy, nyitott koronán álló madárkával (108. sz.). E gyertyatartóhoz közel álló darabot mutatott be a frankfurti Synagoga-kiállítás, két áttört oldaltámaszán két szarvassal.[34] Háttámláján angyalok tartotta koronás baldachinnal záródik a gyűjtemény 1830 körüli, Ausztriában vagy Magyarországon készült, magas színvonalú gyertyatartója, a baldachin alatt szőlőindával övezett antik olajtartó korsóval, a jeruzsálemi templom korsójának szimbólumával (110. sz.). Mécsesei is különlegesek, gyékényből font kosárkákat utánoznak. Az 1860-as, művészi kivitelű bécsi példányon a háttámla hiányzik; a nyolc plasztikus oroszlán alakú olajtartó fölé egy páva terjeszti ki a szárnyait (111. sz.).

1864-ben Óbudán készítette Adler Fülöp elegáns vonalvezetésű, finom művű chanukkai gyertyatartóját (112. sz.). Szépségét a kompozíció, a padka gyanánt szolgáló, áttört leveles lábtámasz és a hozzá tartozó áttört palmettadíszes, mécseseket tartó befoglaló heveder könnyedsége adja meg, közepén a kialakításában az empire hagyományban gyökerező két hattyú tartotta lyrával.

A rituális kialakítású gyertyatartókon kívül a zsidó otthonokban a különböző korok stílusának megfelelő polgári gyertyatartókat is használtak, amint azt a múlt század második felében készült két ezüst neobarokk bécsi gyertyatartópár is mutatja (113., 115. sz.)

A Púrim ünnepén a zsidók a haláltól való csodálatos megmenekülésüket ünneplik, megmentőjük, a perzsa Ahasverus király felesége, Eszter és nagybátyja, Mordecháj emlékezetére. A történetet Eszter könyve ismerteti, amelyet az ünnep alkalmával felolvasnak. Ezek a pergamen- vagy bőrtekercsek (megilla) a zsidó miniatúraművészet remekei. Bőr-, csont- vagy ezüsttokokban őrzik őket. Kedvelt jegyajándékok, melyeknek kialakítása a századok folyamán a művészeknek gazdag lehetőséget nyújtott. A múzeum bécsi ezüst megillatokja 1844-ből a hagyományos, a XVIII–XIX. században általános, nyitható hengerformát mutatja, a korra jellemző poncolt és vésett, stilizált levéldísszel, hólyagos kialakítással és ananász formájú gombbal (114. sz.).

A Púrim az öröm és az ajándékozás ünnepe. A Púrim hagyományos ételeit, a kalácsot, a gyümölcsöt stb. külön e célra szolgáló tálakra helyezik. Ezek többnyire ónból készültek, a múzeum is gazdag sorozatot őriz belőlük. Díszítményükben és felirataikban egyaránt utalnak az ünnepre. Díszítésük gyakran figurális, Eszter könyvéből vett jelenetekkel. Mordecháj győzelme szerepel a leggyakrabban, amely a múzeum egyik XVIII. század végi, XIX. század eleji óntálján is látható, Eszter könyvéből vett idézettel: „Hámán elővette az öltözéket és a lovat, felöltöztette Mordechájt, és körülvezette a város utcáin…" (117. sz.). Miután az önöntők között feltehetően zsidó kézművesek is voltak, akik céhen kívül dolgoztak, a tálak ritkán jelzettek. A héber feliratok jellege és az ornamentális kialakítás némely tálon azonos, mint az említett púrimtálon, a héber betűk vésete pedig magas színvonalú, ezért feltehető, hogy zsidó önműves műve lehet. A szereplőket gyakran korabeli ruhában ábrázolták. Az 1768-as, felirata szerint a bajai templomból származó tál készítője Hámánt például kuruc kapitányként személyesítette meg (116. sz.). Az ábrázolások népiesek, naiv bájjal. A gyakran szereplő ornamentika is félig népies, a bajai tálon például gránátalmás, tulipános, stilizált viráginda látható.

A Peszách – amely az Egyiptomból való kiszabadulás (i. e. II. évezred) ünnepe – az előestével, a széderestével kezdődik, amelynek hagyományosan előírt rendje van. A zsidó háziasszony feladata a széderesti asztal ünnepi feldíszítése az előírt terítőkkel, edényekkel, a kovásztalan kenyér és az ünnepi ételek elkészítése. A szimbolikus kellékeket a külön e célra szolgáló szédertálakra helyezik. Minden teríték előtt üvegből, ezüstből vagy ónból készült pohár áll a hagyomány szerint, a családfő előtt a ház legértékesebb serlege, az Élijáhu-serleg, a Messiás-várás szimbóluma.

A szédertálak általában ónból, de a XVII–XVIII. századtól kezdve majolikából, keménycserépből, porcelánból is készültek. Mindre jellemző a széder rendjének héber felirata, de figurális ábrázolás is szerepelhet rajtuk, általában a széderező család. A budapesti Zsidó Múzeum a szédertálak gazdag sorozatát őrzi. A bibliai jelenetes tálak kedveltségére vall, hogy a XVIII. század végétől kezdve a német nyelvterületen ezüstből is készítették őket.

A kerámiából készült szédertálak sorát a pesarói Jacob Azulai 1652-es, nevével és a 114. zsoltárral jelzett majolikatálja nyitja meg (119. sz.). Ilyen magastűzű színezésű, túlzsúfolt díszítésű tálak több példánya ismeretes Prága, London, Párizs zsidó múzeumaiból. Mintáik, ábrázolásaik hasonlósága miatt az sem tartható kizártnak, hogy egy olasz manufaktúra másolta őket megrendelésre, a XIX. század végén. Főleg a kartusban elhelyezett bibliai jelenetek durvák.

A felirat szerint a majolika szédertálak készítésére a Cohen és Azulai családok specializálták magukat Itáliában a XVII. és XVIII. században. Formájuk, kialakításuk azonos mintákat követ. Széles peremükön általában reliefes körvonalú, négy kartus alakú barokk medalion helyezkedik el, apró virágdísszel vagy bibliai alakokkal (Mózes, Áron, Dávid, Salamon), négy nagyobb medalionban pedig bibliai és az ünnepekre vonatkozó jelenetek láthatók, a tál öblében az imádság, a kiddus vagy a „Há láchmá" (asztalhoz hívó szöveg) héber feliratával. A tálak alján a manufaktúra cégjelzése található, mint ezen a munkán is. Anconából, felirata szerint 1654-ből való a múzeum másik, hasonló kompozíciójú majolikatálja, amelyet „Jákob, a kohanita" készített (118. sz.).

A XVIII. század közepétől az óntálak használatát a polgári háztartásokban lassan kiszorította az előkelőknél a fajansz és a porcelán, a század végétől pedig a polgári háztartások számára is hozzáférhető, olcsóbb, szériában előállított keménycserép. A budapesti Zsidó Múzeum anyagában néhány, a korra jellemző kialakítású szédertányér található a XIX. század elején működő keménycserép-manufaktúrákból. Ezek megrendelésre készült darabok, melyeket csupán festésük különböztet meg a világi étkészletek tányérjaitól, mint például a Marcus Benedictus kézi festésű mellképével díszített, bordázott peremű szédertányért (120. sz.), vagy pedig a kissé naiv, „bölcs"-et ábrázoló tányért (123. sz.); mindkettő a pápai manufaktúrából való, és a Fischer család számára készült.

A XIX. századi magyar kerámiagyártásban nagy szerepet játszott a tatai eredetű Fischer család. Fischer Mór tatai fazekas 1839-ben alapította a mai világhírű herendi porcelángyárat, amely eredetileg szerény keménycserépüzem volt. Előtte a pápai manufaktúrát bérelte 1837-től 39-ig. Sok nehézség árán és küzdelem után 1844-től indult virágzásnak az akkor még kis porcelángyár, amely a század második felében magas művészi színvonalú, kézi festésű, sajátos motívumkinccsel rendelkező stílust alakított ki magának. Ehhez sok küzdelem és kísérletezés után máig hű maradt, világhírét is ennek köszönheti.

A magyar kerámia történetében is fontos szerepet játszik a Zsidó Múzeum herendi szédertálsorozata, mely jól mutatja a gyár XIX. század közepi, sokféle irányból összetevődött stílusának alakulását. A legkorábbi a harmincas évek végén még keménycserépből készült, ovális formájú, áttört, rozettás peremű reliefes virágfüzérrel, ovális medalionokban a széder szertartás mozzanataira utaló feliratokkal. A tál öblében a korabeli cseh porcelánok díszítésére jellemző rózsafüzérben a „Há láchmá" szövege található (125. sz.). Egy másik tál már porcelánból készült, öblében a cseh porcelánok színes naturalisztikus rózsacsokra látható, miniatúraszerűen gondosan kivitelezve (122. sz.). Az egyik rózsa szirmainak rajzában már a mai világhírű, kínai hatást mutató Viktória-minta virágábrázolásának elődjét figyelhetjük meg. Egy újabb darab öblében jelenik meg a meisseni német „kerti virágcsokor" hazai változata, a herendi tulipános minta, de a perem még a jellegzetes bécsi petrezselyemlevél díszű, kis margarétákkal (124. sz.). Egy másik tál peremkialakítása már a ma is jellegzetes kosárfonat, öblében a széderező családot bemutató jelenet művészi színvonalú, miniatúraszerű ábrázolásával (126. sz.). A sorozat a múlt század közepén egyedi megrendelésre – valószínűleg a gyártulajdonos Fischer család tagjai számára – készült, mint Fischer Mór fiának, Farkasházy Fischer Vilmosnak porcelán széderserlege (133. sz.). Ezen aranyozott medalionban apjának kézi festésű arcképe látható, amelyet felirata szerint maga Fischer Vilmos festett Kolozsvárott, 1879-ben. A pohár festői díszében a herendi stílussal még csak rokonságban sem áll, a korabeli cseh porcelánok mintáját követi. Fischer Vilmos fiatal korában apja herendi gyártelepén a festészet vezetője volt. Nagy része van a jellegzetes herendi porcelánstílus kialakításában. Házastársa Grünn Izrael marosújvári kereskedő és kolozsvári cukorgyáros

Franciska nevű lánya volt. Felesége szülei azonban nem akarták leányukat oly messzire, Herendre elengedni, így Fischer Vilmos 1874-ben Kolozsvárott porcelánfestészetet állított fel, mely 1900-ig működött. Előbb herendi fehérárura, majd cseh porcelánra festett. Üzeme felvirágzott, 8–10 festőt is foglalkoztatott. Főleg egy kínai mintaváltozatot festett, a dúsan aranyozott, ún. Kubasch-mintát. Ezzel a mintával festett egy szédertálat, öblében a „Há láchmá" szövegével (129. sz.). Magántulajdonban található egy Kubasch-mintás pohara, amelyre anyja és apja miniatűr arcképét festette 1879-es aranylakodalmukra.[35] 1881-ben készült ugyancsak Fischer Vilmos porcelánfestészetében egy miniatúraszerűen finom festésű talpas szédertál, geometrikus elrendezésű díszítéssel (128. sz.). Az 1880-as években jött divatba a porcelánfestés. Hazánkban a legnevesebb festődék Budapesten (a Láng-festöde, mely a dilettáns festést elterjesztette, a Hüttl-gyár), Herenden (az Anton-féle festészet), Ungvárott (Ungvári Agyagipari Szakiskola), Modorban, Városlődön, Pozsonyban (Fleischner Jónás) voltak. Érdekes kerámiatörténeti adalék a nyitrai Neumann Jónás munkássága, akinek két festett szédertálja a múzeumban található (130., 131. sz.).

A magyar biedermeier egyszerű, szépen megmunkált, funkciójának kitűnően megfelelő képviselője egy fából készült, esztergált, emeletes szédertál, tetején öt kis talpas kehely formájú tartóval a szimbolikus ételek számára (132. sz.). A XIX. század közepi csiszolt cseh kristálypoharak jellegzetes példája a múzeum vésett széderjelenetes pohara (134. sz.), viszont magyar hutában készült 1860-ban az egyszerű, vésett széderjelenetes borospalack (135. sz.).

Az ón szédertálak a XVIII–XIX. századból származnak. A legkorábbi egy 1759-ből való cseh munka, öblében naiv, vésett heraldikus griffel (136. sz.). Az „F. EVERS" jelzésű, gazdagon profilált barokk tál a korabeli polgári étkészletek jellegzetes darabja (138. sz.). Művészi színvonalú az öblében széderjelenetet ábrázoló, C. W. monogramos, XVIII. századi darab, amely valószínűleg Németországban, talán Tirolban készült (139. sz.) A jelenet háttere folyópartra néző, nyitott oszlopcsarnok, a távolban magas hegyekkel. További kutatás tisztázhatja a Dávid és Góliátot ábrázoló, fenekén „Josephus Adler Anno 1829" bevésett feliratot viselő szédertál készítőjét, aki valószínűleg magyar lehetett (142. sz.). A figurális ábrázolások kedves naivsága és a héber betűk sokkal magasabb színvonalú díszítése az ő munkái körébe utalja a két oldalán heraldikus oroszlános, tornyot ábrázoló, 1819-es évszámú szédertálat is (141. sz.)

A zsidó hitélet szoros velejárói az imakönyvek. Ahogy a hagyomány az élet minden megnyilvánulásának formát adott, úgy előírta az imádságok rendjét is. Az imakönyveket értékes borításokkal látták el, bársonyba, bőrbe, a gazdagabb családokban nemritkán ezüstbe köttették. A Zsidó Múzeum a művészi kötések egész sorozatát őrzi a XVII. századtól a XX. század fordulójáig. Ezek az ezüstkötések kimagasló értéket képviselnek. Közöttük a legrégebbi – mindkét oldalán magas trébelésű bibliai jelenettel – valószínűleg Amszterdamban készült, a XVII. században (143. sz.).

1696-ból, hitelesítő bélyege szerint Németországból, Hannover-Altstadtból származik a szintén művészi, magas trébelésű, akantuszleveles díszű ezüstkötés, ötágú korona alatt a tulajdonos héber nevével (144. sz.). Bécsi munka Lőw Lipót rabbi bibliájának neobarokk, stilizált leveles, rocaille-os ezüstkötése 1850-ből (145. sz.) és a szefárd ünnepi imakönyv 1844-es, barna bársonyalapon sűrű akantuszleveles áttört ezüstkötése (147. sz.). Magyar mester, a nyitrai Sodomka György (kb. 1836-tól)[36] készítette a múlt század közepén a múzeum barna bársonyalapú ezüstfiligrános imakönyvborítóját (146. sz.).

A múlt század második felében és a századfordulón voltak divatosak az áttört elefántcsont és zománcos díszkötések. Mindegyikük a könyvkötőművészet apró remeke. Általában házasságkötési ajándékok voltak. A bőrkötésekre is alkalmazták az ezüstvereteket és a zománcos díszítést, a tulajdonos monogramjával a kompozíció középpontjában, esetleg zsidó szimbólumokkal (például a két kőtáblával) együtt. Bécsben és Budapesten egyaránt magas színvonalon készültek.

A reggeli imánál a férfiak az imaszíjat a homlok közepére és a bal karra csatolják. Ezek tartására szolgálnak a leginkább bőrből készült tefillintokok. A múzeum egy ezüstből valót őriz egymásba járó, kocka alakú tokocska formájában, 1806–07-ből, Lembergből (154. sz.). Hasonló, de gazdagabban vésett díszű ezüsttok került bemutatásra a frankfurti Synagoga-kiállításon, ugyancsak Lembergből.[37]

A zsidó családokban szokásban volt az amulettek (mezuza) viselése, amelyek tulajdonosukat a szemmel veréstől, a balesetektől és a szerencsétlenségektől óvták. Általában ezüstből készültek, nemritkán ékszerszerűen finom kivitelűek. Kis tartócskák, amelyekbe pergamendarabot helyeztek a mágikus szöveggel, vagy – a budapesti múzeum tulajdonában is találhatók ilyenek – fémtáblácskára vésett szöveggel. A mágikus szavak egyike a „Sáddáj", az Isten neve. Ezeket az amuletteket főleg a Földközi-tenger melletti és a közel-keleti országokban lakó zsidók kedvelték, de nálunk is hordták. Különösen szép amuletteket készítettek Itáliában, ilyen a múzeum magas trébelésű, kartus alakú, csüngő Sáddáj-amulettje is, alján szőlőfürttel, a termékenység szimbólumával (155. sz.). Analóg darabját több múzeum, például a frankfurti Historisches Museum és a Clunyi Múzeum is őrzi a XVIII. század közepéről.[38]

Ugyancsak Itáliában, Rómában készült az Izsák feláldozását ábrázoló amulett a XVIII. század végén (158. sz.). Talán Ausztriában vagy Magyarországon készülhetett a múzeum XVIII. század végi, íves en záródó, négyzetes alakú koronás csavartoszlopos darabja (157. sz.) és a XIX. századi, tóraszekrény alakú kétoszlopos amulett (156. sz.), bár hasonló formájú amuletteket Olaszországban is készítettek. A hengeres, áttört díszű, nyitható amulettek szép példánya a múzeum sűrűn, kacskaringós levélindás darabja a XIX. századból (160. sz.). Valószínűleg magyar a csatos imakönyv formájú, ezüstfiligrános Sáddáj-amulett a XIX. század elejéről (159. sz.).

A körülmetélés (Berit milá) Mózes első könyvében (17:10.) leírt parancs. Szövetség az Isten és a választott nép újszülött fia között, amelyet a gyermeken nyolcnapos korában, ünnepélyes szertartás formájában hajtanak végre. Külön rituális késsel, a móhél-késsel végzik. Fogója általában díszesen kialakított; hegyi kristályból, achátból, jáspisból, borostyánból, elefántcsontból, ritkán ezüstből készül.

A múzeum móhél-kései közül kiemelkedik egy finoman megmunkált, állóleveles díszű, gyöngyház fogójú a XIX. század elejéről (161. sz.) és egy feltehetően magyar, ezüstfiligrános nyelű ugyanebből az időből (162. sz.).

A vegyes jellegű tárgyak közül egy minden oldalán gazdagon vésett gyöngyházszelence említhető a jeruzsálemi szentély, a siratófal, valamint Ráchel sírjának ábrázolásával (164. sz.) A XVIII. században készülhetett emléktárgy az a nyitható csontgolyó, amely belül Mózes megtalálásának finoman faragott miniatűr jelenetét tartalmazza (165. sz.).

A szombat a zsidók számára a Biblia által előírt ünnepnap. A hét legfontosabb napja, amely pénteken a naplementével kezdődik. A szombati lámpa és a gyertya a zsidó otthon szimbóluma, meggyújtásukkal kezdődik az ünnep. Kezdetben mécseseket használtak e célra, zsidó szimbólumokkal díszítve. Később kialakult a hat-, nyolc-, tízszögletű csillag alakú típus. A szombati lámpa legkorábbi, XIV. századi példánya hatszögletű, Dávid-csillag alakú. A hatágú olajtartó mécses többnyire hosszú láncon függ, alatta üst formájú tálka szolgál a lecsepegő olaj felfogására. Az asztal fölé helyezett lámpa magasságának szabályozására a láncon levő fűrészes tag szolgál. Általában sárgarézből, bronzból készült öntvények, de ezüst is előfordul köztük. A XVII. és XVIII. században különféle díszes változatai is kifejlődtek Elzász-Lotaringiában (Metz) és Németországban. A XIX. századtól fogva a gyertyák kerültek használatba, így a szombati olajmécses eltűnőben van. A múzeum egyik szombati lámpája kevéssé díszített, funkcionális kialakítású darab (163. sz.).

A szombat megszentelése a felgyújtott lámpa fényében elfogyasztott ünnepi étkezéssel folytatódik, a borra mondott áldással a kidduspohár felett.

A magyar zsidóság történetéhez vezet vissza az 1845–46-ból való acélmetszetes, bibliai jelenetekkel díszített helyjegy, amely a megvásárolt ülőhelyek hagyományos szokására utal a pesti gyülekezetnek a mai Dohány utcai templom felavatásáig fennálló templomában, az egykori pesti Cultus-templomban (166. sz.).

A Zsidó Múzeum vallási, templomi és magánkegyszerekből álló ötvösanyaga a gyűjtemény számban is legnagyobb, jelentőségében a többit messze felülmúló része, az európai zsidó gyűjtemények között pedig a legelőkelőbb helyre tarthat számot.

JEGYZETEK

1. *Scheiber Sándor:* Zsidó sarok az új régészeti kiállításon. Új Élet XVIII (1962). 2. sz. 2.;
   uő.: Jewish Inscriptions in Hungary. Bp.–Leiden, 1983. 25–31.
2. *Büchler Sándor:* A zsidók története Budapesten a legrégibb időktől 1867-ig. Bp., 1901. 22–41.
3. Uo.
4. Uo.
5. *Büchler:* i. m. 45–46.
6. Uo.; *Zolnay László:* Középkori zsinagógák a budai Várban. Budapest régiségei XXII (1971). 271–284.
7. *Büchler:* i. m. 47.
8. *Büchler:* i. m. 169.
9. *Büchler:* i. m. 270–271.
10. *Büchler:* i. m. 269.
11. Synagoga. Jüdische Altertümer, Handschriften und Kultgeräte. Historisches Museum, Frankfurt am Main, 1961. No. 218.
12. *P. Brestyánszky Ilona:* Pest-budai ötvösség. Bp., 1977. 348.
13. *P. Brestyánszky:* i. m. 294.
14. *P. Brestyánszky:* i. m. 244.
15. *P. Brestyánszky:* i. m. 222.
16. *P. Brestyánszky:* i. m. 172.
17. *P. Brestyánszky:* i. m. 320.
18. *P. Brestyánszky:* i. m. 344.
19. Budapest műemlékei II. Bp., 1962. 494.
20. *Scheiber Sándor:* Magyar Zsidó Oklevéltár XVI. Bp., 1974. 157., 283.; *P. Brestyánszky:* i. m. 24.
21. *Büchler:* i. m. 283.
22. Budapest műemlékei II. 494.; *Kőszeghy Elemér:* Magyarországi ötvösjegyek a középkortól 1867-ig. Bp., 1936. 63. Móse Córéf 1799-ben az óbudai Chevra elöljárói között szerepelt az egykori Óbudai Zsidó Múzeum héber feliratos alamizsnagyűjtő tálja szerint.
23. Synagoga. No. 209.
24. *P. Brestyánszky:* i. m. 224., 226.
25. *P. Brestyánszky:* i. m. 291.
26. *P. Brestyánszky:* i. m. 168.
27. *P. Brestyánszky:* i. m. 303.
28. *M. G. Koolik:* Towers of Spice. The Israel Museum. Jerusalem, 1982. 8.
29. *Koolik:* i. m. 11.
30. *P. Brestyánszky:* i. m. 290.
31. *P. Brestyánszky:* i. m. 299. No. 279.; *Koolik:* i. m. No. 28.
32. Synagoga. No. 389.
33. Synagoga. No. 368.
34. Synagoga. No. 369.
35. *Katona Imre:* A magyar kerámia és porcelán. Bp., 1948. 235.
36. *Kőszeghy:* i. m. 279.
37. Synagoga. No. 278.
38. *V. A. Klagsbald:* Jewish Treasures from Paris. Jerusalem, 1982. No. 163.

VÁLOGATOTT IRODALOM

P. Brestyánszky Ilona: Ismerjük meg a kerámiát. Bp., 1966.

P. Brestyánszky Ilona: Pest-budai gyűjtőperselyek a Zsidó Múzeumban. MIOK Évkönyv, 1983–84 (Magyar Izraeliták Országos Képviselete). Bp., 1984. 57–72.

Budapest műemlékei II. Bp., 1962.

Büchler Sándor: A zsidók története Budapesten a legrégibb időktől 1867-ig. Bp., 1901.

Das Staatliche Jüdische Museum in Prag. Prag, 1966.

Egyházi Gyűjtemények Kincsei. Az Iparművészeti Múzeum Kiállításának Katalógusa. Bp., 1979.

Grünvald Fülöp–Naményi Ernő: Budapesti zsinagógák. Bp., 1949.

Grünvald Fülöp–Scheiber Sándor: Adalékok a magyar zsidóság településtörténetéhez a XVIII. század első felében. Bp., 1963. Különlenyomat a Magyar Zsidó Oklevéltár VII. kötetéből.

Katona József: A 90 éves Dohány utcai templom. Bp., 1949.

Katz, K.–Kahane, P. P.–Broschi, M.: From the Beginning. The Israel Museum. Jerusalem, 1968; *Kaniel, M.:* Judaism. Poole Dorset, 1979.

Koolik, M. G.: Towers of Spice. The Israel Museum. Jerusalem, 1982.

Krüger, R.: Die Kunst der Synagoge. Leipzig, 1968.

A régi Buda és Pest iparművészetének kiállítása. Bp., 1935.

Scheiber Sándor: Magyar Zsidó Oklevéltár XVI. Bp., 1974.

Scheiber Sándor: Folklór és tárgytörténet I–II. Bp., 1977.

Shachar, I.: Jewish Tradition in Art. Jerusalem, 1981.

Stahl, A.: The Torah Scroll. The Israel Museum. Jerusalem, 1979.

Synagoga. Jüdische Altertümer, Handschriften und Kultgeräte. Historisches Museum, Frankfurt am Main, 1961.

A TÁRGYMEGHATÁROZÁSOKHOZ A KÖVETKEZŐ JEGYKÖNYVEKET HASZNÁLTAM:

P. Brestyánszky Ilona: Ismerjük meg a kerámiát. Bp., 1966.
  P. Brestyánszky Ilona: Pest-budai ötvösség. Bp., 1977. (a továbbiakban *P. Brestyánszky*)
Hintze, E.: Süddeutsche Zinngiesser und ihre Marken 1–7. Leipzig, 1921–31. *(Hintze)*
Kőszeghy Elemér: Magyarországi ötvösjegyek a középkortól 1867-ig. Bp., 1936. *(Kőszeghy)*

Reitzner, V.: „Alt-Wien" Kunstlexikon. (Az ötvösségre vonatkozó rész.) Wien, 1952. *(Reitzner)*
Rosenberg, M.: Der Goldschmiede Merkzeichen I–IV. Frankfurt am Main, 1922–28. *(Rosenberg)*
Tardy: Poinçons d'argent. Paris, é. n. (Tardy)

A SZÍNES KÉPTÁBLÁK BESOROLÁSÁRÓL

A színes képeket technikai okokból mellékletként kellett elhelyeznünk. A mellékletben szereplő képeket római számmal jelöltük, ám megtartottuk a katalógus eredeti arab számozását is. A színes táblák vonatkozó műleírásait a fekete-fehér képek között helyeztük el, az eredeti katalógusszámnak megfelelően.

RÖVIDÍTÉSEK

Á.	átmérő	Ltsz.	leltári szám
b.	balra	M.	magasság
f.	fent	O.	olaj
H.	hosszúság	Sz.	szélesség
J.	jelezve	sz.	számú
j.	jobbra	Szá.	szájátmérő
J. n.	jelzés nélkül	Tá.	talpátmérő
k.	középen	v.	vászon
l.	lent		

1. „Gyapjas" pohár

Részben aranyozott ezüst, trébelt, vé-
sett. Felfelé szélesedő, csonka kúp ala-
kú testén vésett, ún. gyapjas díszítés.
Pereme alatt koszorúval övezett kör
alakú medalion, későbbi, stilizált cí-
merrel.
J. n.

Magyar
XVII. század eleje
M.: 11 cm
Szá.: 8 cm
Tá.: 6,5 cm
Ltsz.: 64.141

2. Talpas pohár

Részben aranyozott ezüst, trébelt, vésett. Hengeres testű, a talp felett hat nagy virágszál. Övénél levéldíszes lambrequin. Oldalán három vésett koszorús medalionban sisakos antik harcosfejek. Pereménél inda- és gyümölcsdíszes lambrequin. Peremén későbbi, vésett héber feliratok: „Ez a kehely az Óbudai Szent Egyleté, készíttetett 509-ben (1749)"; „Az előkelő Gumpel, az előkelő Wolf és az előkelő Gerson"; „Örök emlékül ajándék a Pesti Chevra Kadisának tőlem, Holitscher Mózes, 638. évben a kis időszámítás szerint (1878)".
Peremén „IM" mesterjegy
Magyar
XVII. század eleje
M.: 28,5 cm
Szá.: 11,5 cm
Tá.: 9,5 cm
Ltsz.: 64.130
Kiállítás: Egyházi Gyűjtemények Kincsei. No. 367.

3. Talpas pohár

Részben aranyozott ezüst, trébelt. Talpa körül leveles dísz, testén három maszkos medalion, csigás, leveles trébelt virágok között, kiszélesedő szájperemén vésett héber feirat: „Az itteni Pesti Chevra Kadisáé".
„MN" mesterjegy
Magyar
XVII. század első fele
M.: 15 cm
Szá.: 7 cm
Tá.: 6,3 cm
Ltsz.: 64.131
Kiállítás: Egyházi Gyűjtemények Kincsei. No. 370.

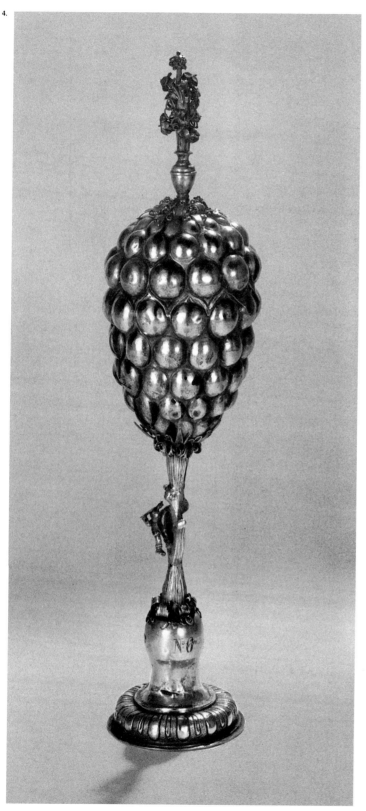

4. Talpas „szőlyőfőpohár"

Részben aranyozott ezüst, trébelt, öntött díszű. Kerek talpán vésett, stilizált levéldísz. Fatörzs idomú, plasztikus szárán favágó gyermek, madárral. Felső része szőlőfürtöt utánzó, trébelt hólyagokkal. Tetején ezüst leveles rozetta és vázában plasztikus virágcsokor. Talpán vésett héber felirat: „Szeretetadományul a Pesti Chevra Kadisának Léb Pollák, 596. évben a kis időszámítás szerint (1836)".
Peremén nürnbergi hitelesítőjegy és Georg Müller mesterjegye
XVII. század eleje
M.: 35 cm
Szá.: 9 cm
Tá.: 7,7 cm
Ltsz.: 64.132
Rosenberg III. No. 4192.
Kiállítás: A magyar történeti ötvösmű kiállítás. Bp., 1884. 3. terem, 2. szekrény, No. 25.

5. Fedeles kupa

Aranyozott ezüst, trébelt. Talpán kagylós, leveles koszorú. Hengeres testén két sorban nagy, magasan trébelt kagylódísz, közte vésett reneszánsz virágszálak. Boltozatos fedelén hat nagy trébelt kagyló és vésett héber felirat: „Ezt ajándékozta a Chevra Kadisának Jakob Berlin. Emléke legyen áldott, a kis időszámítás szerint 570 ben (1810)". A fedél közepén kotlóstyúk alakú plasztikus fogó. Kétágú, szárnyas, angyalfejes billentő, gyöngysoros, kérdőjel formájú fül.
Nürnbergi hitelesítőjegy és Hanss Reiff mesterjegye
XVII. század közepe
M.: 16,5 cm
Szá.: 10,8 cm
Tá.: 12 cm

Ltsz.: 64.129
Rosenberg III. No. 4134.
Kiállítás: Egyházi Gyűjtemények Kincsei. No. 372.

6. Fedeles kupa

Ezüst, trébelt, vésett. Felfelé keskenyedő test. Oldalán két trébelt gyümölcsköteg, rocaille-os füllel. Fedelén gombos fogó. Szájpereme körül vésett héber felirat: „Nézd a régi korsót, amelyet az Óbudai Chevra Kadisa jótékonysági elöljárói vásároltak az 552. (1792) évben".
Peremén augsburgi hitelesítőjegy és „MS" mesterjegy
XVII. század
M.: 21,5 cm
Szá.: 9,5 cm
Tá.: 10,5 cm
Ltsz.: 64.136
Rosenberg I. No. 529.

7. Serleg

Aranyozott ezüst, trébelt, vésett. Magas, tagolt talpán és osztott szárán levél- és csigadísz. Váza alakú nodus három füllel. Kuppáján gazdagon trébelt virág- és gyümölcsdísz között tájképi háttérben három állatalak. Peremén későbbi vésett héber felirat: „Brief Gedaljáhn ajándéka a Chevra Kadisának sírhelyének ára fejében az 590. (1830) évben".
Elmosódott augsburgi hitelesítőjegy
XVII. század
M.: 35,5 cm
Szá.: 11,8 cm
Tá.: 10,8 cm
Ltsz.: 64.135

8. Fedeles kupa

Részben aranyozott ezüst, trébelt. Hengeres testén akantuszleveles és bogáncsvirágginda. Vésett héber felirat: „A kis időszámítás szerint 597-ben (1837) ajándékozták a Chevra Menuhá Nöchóná Egyletnek fő- és algabbájai".

Fedelének szélén vésett héber felírat: „A tiszteletre méltó Bogdán Móse adományozta Zehel nevű fia emlékére".

A fülén vésett felirat szerint „Werber" vagy „Warber Izsák véste"

Peremén breslaui hitelesítőjegy és „HP" mesterjegy

XVII. század közepe

M.: 14,7 cm

Szá.: 11,1 cm

Tá.: 14,5 cm

Ltsz.: 64.72

Rosenberg I. No. 1369., 1423.

Kiállítás: Egyházi Gyűjtemények Kincsei. No. 369.

9. Fedeles kupa

Részben aranyozott ezüst, trébelt. Akantuszleveles talp, testén magasan trébelt dús, leveles inda, két nagy virággal. Fedele közepén virágból kiemelkedő fogó. Rocaille-okból képzett fül, a szájperem alatt vésett héber felirat: „A kanizsai hitközség betegeket látogató egyletének tulajdona, 569. (1809) évben a kis időszámítás szerint".

Salzburgi hitelesítőjegy és „HC" mesterjegy
XVIII. század
M.: 15 cm
Szá.: 8,5 cm
Tá.: 10,5 cm
Ltsz.: 64.463
Reitzner 239.

10. Pohár

Aranyozott ezüst, trébelt, vésett, poncolt. Egykor egy talpas serleg felső része volt. Felfelé szélesedő, csonkakúpos testén három ovális medalionban tájképes jelenetek szarvassal, oroszlánnal, lóval. Közöttük cápázott alapon trébelt csigás leveles díszek, három szárnyas angyalhermával. Szájperemén vésett héber felirat: „Ajándék a pesti község Chevra Kadisájának a kis időszámítás szerint 607-ben (1847) tőlem, Chájim Spitzer".

J. n.
Német
XVII. század első fele
M.: 21,5 cm
Szá.: 10,5 cm
Tá.: 7,5 cm
Ltsz.: 64.133

10.

11. Serleg

Ezüst, trébelt, vésett. Tagolt talpán le-
vélinda. Váza alakú nodusán három
rocaille-os fül. Csonka kúp alakú kup-
páján csigás és stilizált virágdísz. Száj-
peremén vésett héber felirat: „A kani-
zsai izr. hitközség tulajdona az 563.
(1803) évben".

J. n.
Német
XVII. század
M.: 26 cm
Szá.: 10,5 cm
Tá.: 9,5 cm
Ltsz.: 64.134

12. Fedeles pohár

Ezüst, öntött, trébelt, poncolt. Felfelé szélesedő, csonka kúp alakú testén cápázott alapon levélindán három madár. Tagozott boltozatos tetején gyümölcsköteges koszorú. Közepén plasztikus antik harcos lándzsával és pajzszsal. Szájperemén vésett felirat: „Ezt ajándékozták Zalimer Tében árvái a Pesti Chevra Kadisának a kis időszámítás szerint 570-ben (1810)".

Fenekén egymásba kapcsolt „CH" monogram.
Német
XVII. század
M.: 17 cm
Szá.: 9 cm
Tá.: 7 cm
Ltsz.: 64.128

12.

13. Fedeles pohár

Aranyozott ezüst, trébelt, vésett. Három gömbös lábon áll. A lábaknál áttört művű fehérezüst virágszál, gazdag stilizált leveles dísszel. Hengeres testének peremén vésett héber felirat: „Szeretetadomány Pest szent gyülekezete Chevra Kadisájának, Elchánán Jidels, a kis időszámítás szerint 579-ben (1819)". Fedelének közepén áttört fehérezüst leveles rozetta és gömb alakú fogó.

Augsburgi hitelesítőjegy és Johann Wagner mesterjegye
XVIII. század eleje
M.: 15,5 cm
Szá.: 10,5 cm
Tá.: 11 cm
Ltsz.: 64.344. 1–2
Rosenberg I. No. 689.

13.

53

14. Serleg

Aranyozott ezüst, trébelt, vésett. Hólyagos, magas talpán és kuppáján két sorban öt-öt hólyagon az egyiptomi tíz csapás jelenetei. Peremén vésett héber felirat a peszáchi Haggádából: „Ez ama tíz csapás, amellyel a Szent – áldassék neve – az egyiptomiakat sújtotta".
Varsói hitelesítőjegy
XVIII. század
M.: 20 cm
Szá.: 10,5 cm
Tá.: 7 cm
Ltsz.: 64.435
Rosenberg IV. No. 8119.

15. Pohár
(I. tábla)

Részben aranyozott ezüst, trébelt. Talpas, csonka kúp alakú testén Mózes életéből vett niellós díszítésű jelenetek: átkelés a Vörös-tengeren, a vízfakasztás, a törvénytáblák stb. Peremén vésett héber felirat: „Ajándék a pesti község Chevra Kadisájának a kis időszámítás szerint 607-ben (1847)".
Moszkvai hitelesítőjegy (1804) és „AB. HH" mesterjegy
M.: 17,5 cm
Szá.: 10,6 cm
Tá.: 9,8 cm
Ltsz.: 64.127
Tardy 353.
Kiállítás: Egyházi Gyűjtemények
Kincsei. No. 385.

16. Talpas pohár

Ezüst, trébelt, vésett. Kerek talpán vésett állólevélkoszorú. Csonka kúp alakú kuppáján három rocaille-ból álló kartus, közepén rózsa. Pereme alatt vésett magyar nyelvű felirat: „Lőw Lipót N.Kanizsai Főrabbi Urnak tisztelete jeléül a pesti izr. hitközség, 1844". Kuppáján bécsi hitelesítőjegy (1844) és „AW" (Louis Vaugoin) mesterjegy

M.: 22,5 cm

Szá.: 10 cm

Tá.: 12 cm

Ltsz.: 64.1108

Reitzner No. 1423.

17. Serleg

Ezüst, trébelt. Boltozatos, profilált talapzat, függőlegesen bordázott gyűrűs szár, felfelé szélesedő kuppa függőleges bordázattal, két mezőben vésett héber felirat: „Az Óbudai Chevra Kadisa tulajdona 1874".
Budai hitelesítőjegy (1851) és ifj. Gretschl József mesterjegye
M.: 16,2 cm
Szá.: 9,5 cm
Tá.: 7,7 cm
Ltsz.: 64.68
Kőszeghy No. 354.; *P. Brestyánszky* No. 33., 56.

I. tábla. Pohár. (Katalógusszám: 15.)

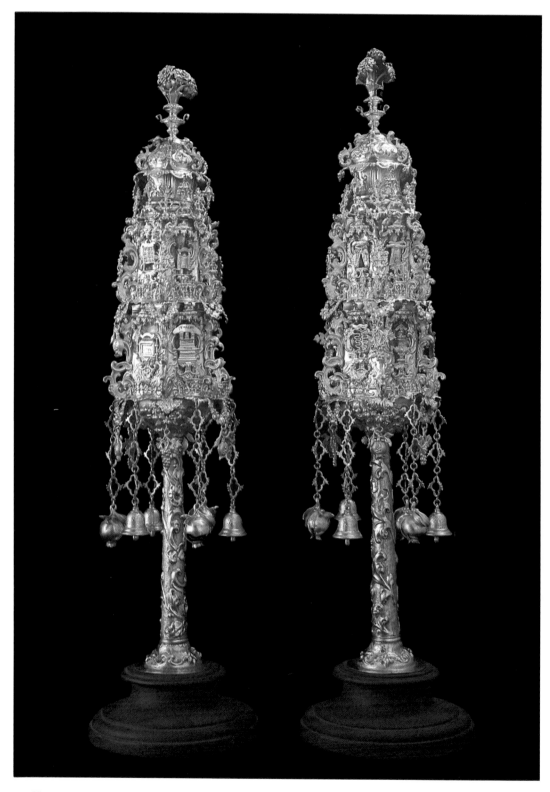

II. tábla. Rimonpár. (Katalógusszám: 19.)

III. tábla. Tórakorona. (Katalógusszám: 31.)

IV. tábla. Tóravért. (Katalógusszám: 38.)

V. *tábla.* Szédertál. (Katalógusszám: 118.)

בצאת

ישראל ממצרים בית יעקב
מעם לועז: היתה יהודה לקדשו
ישראל ממשלותיו: הים ראה וינס
הירדן יסוב לאחור: ההרים רקדו כאלים גבעות כבני
צאן: מה לך הים כי תנוס הירדן תסוב לאחור: ההרים
תרקדו כאלים גבעות כבני צאן: מלפני אדון חולי ארץ
מלפני אלוה יעקב: ההופכי הצור אגם מים חלמיש
למעינו מים:
קדש. ורחץ. כרפס. יחץ. מגיד רחצ׳
מוצ׳א מצה. מרור. כורך.
שלחן עורך. צפון. ברך.
הלל. נרצה.

VI. tábla. Szédertál. (Katalógusszám: 119.)

62

VII/b. tábla. Szédertál.
(Katalógusszám: 127.)

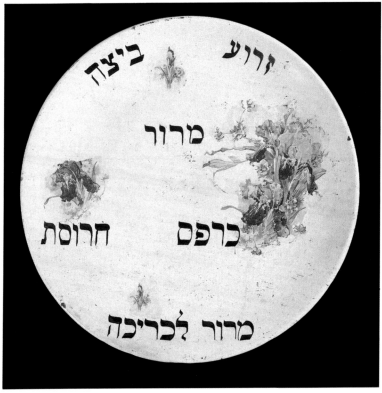

18. Fedeles serleg (Élijáhu-serleg)

Ezüst, trébelt, vésett. Testén Ézsaiás próféta, Noé és búzakévét kötő pár ábrázolása.

Tevan Margit (1901-1978) ötvös műve

1937

M.: 21 cm

Szá.: 9 cm

Tá.: 8 cm

Ltsz.: 64.163

19. Rimonpár
(II. tábla)

Részben aranyozott ezüst, trébelt, öntött, poncolt. Kerek, boltozatos talpán és hengeres szárán poncolt alapon trébelt ág fut körül, kagylókkal és leve-lekkel. Koronája torony alakú, három-emeletes. Alján három csengő. Ezek között hat félkörös viráginda, három-ról szőlőfürt, háromról gránátalma lóg le. Felette hat függőlegesen elhelyezett fülke erkélyráccsal, bennük a jeruzsálemi szentély öntött tárgyai. A második emeleti fülkében a főpapi öltözet darabjai. Tetején hatosztású boltozat, kagylós és leveles díszekkel, hat stilizált levéllel, felette vázában trébelt virágcsokor. Talpán vésett héber felirat: „Ábrahám Szófér, 461. (?) a kis időszámítás szerint (1701)".

Angielo Scarbello d'Este mesterjegye Padova (Nagykanizsán használták)

M.: 70 cm

Á.: 10 cm

Ltsz.: 64.378. 1–2

Rosenberg IV. No. 7421.

Irodalom: *F. Gambarin:* La Magnifica Comunità di Este nella dialettica religiosa e civile. Padova, 1981.

Analógia: *B. C. Roth:* Jewish Art. Tel Aviv, 1961. 142. ábra; *A. Stahl:* The Torah Scroll. 19.

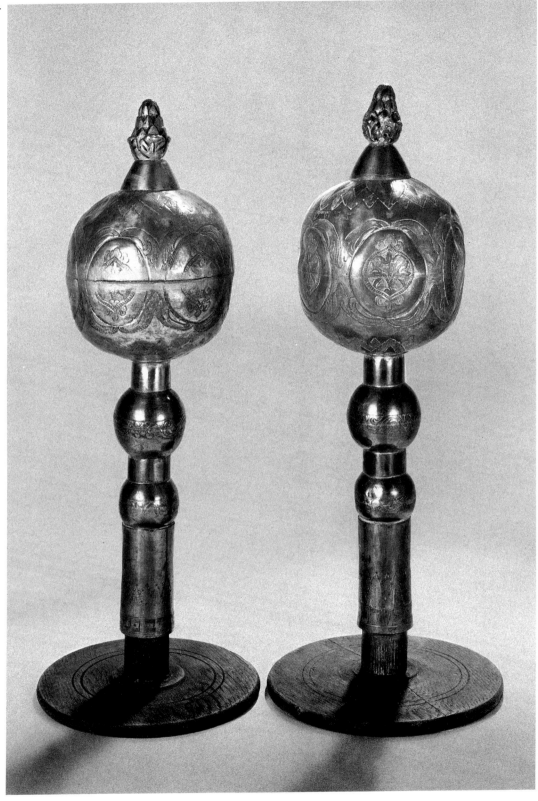

20. Rimonpár

Vörösréz, trébelt, vésett. Hengeres szárán két vésett levélindás gömb, teteje gránátalma idomú, vésett gránátalmás dísszel. Felső peremén vésett felirat: „Cvi Hers, Dávid fia, 362. (1602) a kis időszámítás szerint". Alsó peremén: „Szefárd [spanyol] hitközség, Pest".
Török?
XVI. század vége
M.: 34 cm
Á.: 8,5 cm
Ltsz.: 64.386
Irodalom: *A. Scheiber:* Jewish Inscriptions in Hungary. 402–406.

21. Rimonpár

Részben aranyozott ezüst, trébelt. Kerek talp, hengeres szárán gyűrű és vésett állóleveles dísz. Felső része négyabroncsos nyitott korona, belül csengővel. Vésett héber felirata: „Az itteni Pesti Szent Egyleté".
Bécsi hitelesítőjegy (1754) és „JB" (Joseph Bőheim) mesterjegy
A Pesti Chevra Kadisa tulajdonából
M.: 19,5 cm
Á.: 5 cm
Ltsz.: 64.10. 1–2.
Reitzner No. 377.

21.

22. Rimonpár

Részben aranyozott ezüst, trébelt, vésett. Magas, kerek talp, hengeres szárán virágindák, testén gazdagon trébelt stilizált levél- és virágdíszítés, felette álló akantuszos levélfríz. Tetején négyabroncsos nyitott korona gyöngysorral, félgömbön kettős kőtábla a Tízparancsolat kezdő szavaival.

Bécsi hitelesítőjegy, Ignatius Packeny (Pageni, említve: 1807–1821) mesterjegye és bécsi adóbélyeg
A Nagykanizsai Szent Egylet tulajdonából
M.: 30 cm
Á.: 7,8 cm
Ltsz.: 64.377. 1–2
Reitzner No. 1132.

23. Rimonpár

Aranyozott ezüst, trébelt, vésett. Kör alakú talpán gyöngysor. Szára virágmintás, váza alakú nodusán két állólevél-koszorú. Tetején nyolcabroncsos nyitott korona, belül csengő. Felette félgömbön plasztikus kétfejű koronás sas.
Talpán bécsi hitelesítőjegy (1797) és elmosódott „I. J." mesterjegy
Az Óbudai Szent Egylet tulajdonából
M.: 37 cm
Á.: 9,5 cm
Ltsz.: 64.51. 1–2

22.

24. Rimonpár

Aranyozott ezüst, trébelt, vésett. Kerek, profilált talpán állólevélsor, hengeres szárán középen tulipános, állóleveles, palmettás öv. Tetején tizenkét ágú nyitott korona, három + egy csengővel. Tetején tobozszerű végződés.

Bécsi hitelesítőjegy (1807) és „CCL" (Christoph Lehman ?) mesterjegy

A Nagykanizsai Szent Egylet tulajdonából

M.: 34 cm

Á.: 12 cm

Ltsz.: 64.410. 1–2

Reitzner No. 1141.

25. Rimonpár

Ezüst, trébelt, vésett. Kerek talp, oszlopos szárán recés gyűrűk, tetején rozettás leveles dísz, három csengővel. Aranyozott ezüst koronáján alul leveles dísz, három csengővel.

Áttört korona négyes tagolással, vésett leveles indákkal, tetején koronás kétfejű sas.

Bécsi hitelesítőjegy (1810) és „I. F." (Joseph Feyerabendt) mesterjegy

A Pesti Chevra Kadisa tulajdonából

M.: 34 cm

Á.: 12,5 cm

Ltsz.: 64.8. 1–2

Reitzner No. 880.

25.

26. Rimonpár

Ezüst, trébelt, vésett, poncolt. Kerek talp recés gyűrűvel. Oszlopos szár, az oszlop tetején rozettás leveles dísz, három csengővel.

Kettős osztású nyitott koronáján poncolt leveles dísz, belsejében csengő.

Tetején félgömb plasztikus koronás, kétfejű sassal.

Pozsonyvárteleki hitelesítőjegy (1810) és id. Becker Frigyes mesterjegye

M.: 27,5 cm
Á.: 10 cm
Ltsz.: 64.391. 1–2
Kőszeghy No. 1810., 1853.

27. Rimonpár

Részben aranyozott ezüst. Kerek talpán körben vésett héber felirat: „A miskolci új zsinagógának a 623. (1863) évben a kis időszámítás szerint". Talpán levél- és virágdíszek, hengeres szára pálmatörzsszerűen vésett, felső része áttört, lefelé függő levélsorral, nyolc csengővel. Teteje harangidomú, csüngő levélsorral, gömbös gombbal.

Bécsi hitelesítőjegy (1818) és „KI" mesterjegy

A Pesti Szent Egylet tulajdonából

M.: 33 cm
Á.: 10.5 cm
Ltsz.: 64.29. 1–2

26.

29.

28. Rimonpár

Részben aranyozott ezüst, trébelt, vésett. Kör alakú talapzatán levélkoszorú és körben vésett héber felirat. Hengeres szárán apró virágfüzérek. Szárának végénél levelekből álló gallér. Tetején korona, abroncsán ékkövekhez hasonló díszítmény. Benne csengők, felette koronás kétfejű sas. Felirata: „Az óbudai szent gyülekezetnek kegyesen ajándékozta Blau Mordecháj, fia Akibának, áldás emlékén, és neje Frádl, leánya Mendelnek a 600. (1840) évben a kis időszámítás szerint". Pesti hitelesítőjegy (1800 körül) és Pasperger Ferenc mesterjegye
M.: 43 cm
Á.: 14,5 cm

Ltsz.: 64.67. 1–2
Kőszeghy No. 487., 393.; P. Brestyánszky No. 118., 200., 284.
Kiállítás: A régi Buda és Pest iparművészetének kiállítása. No. 32.

29. Rimonpár

Részben aranyozott ezüst, filigrános dísszel. Kör alakú domború talpán és hengeres szárán dús filigrán munka. Tetején filigránból álló levéldíszes, gömbben végződő kis korona, benne csengő.
J. n.
Óbuda ?
XVIII. század vége
Az Óbudai Chevra Kadisa tulajdonából

M.: 27 cm
Á.: 11,5 cm
Ltsz.: 64.70. 1–2

30. Rimon

Elefántcsont és fa, esztergált, faragott. Profilált talp, csavart szár, rajta elefántcsont kéz tart egy hengeren álló félgömbös csúcsot. Talpán ráégetett héber felirat: „MISNA egylet embereinek ajándéka Krivoj Rog".
Oroszország
XVIII. század vége–XIX. század eleje
M.: 25 cm
Á.: 15 cm
Ltsz.: 66.43

31. Tórakorona
(III. tábla)

Részben aranyozott ezüst, öntött, trébelt. Hat ágát hat, egymásra néző, ágaskodó oroszlán képezi. Abroncsán fehérezüst áttört leveles és kagylós díszítés. Felső részén fehérezüst állóleveles dísz és fenyőtobozos gomb. Alsó részén hat piros üveg ékkő.
Abroncsán krakkói adóbélyeg (1806–07)
XVIII. század közepe
M.: 21 cm
Á.: 11 cm
Ltsz.: 64.413
Reitzner 204.
Analógia: *A. Stahl:* The Torah Scroll. 20. tábla

32. Tórakorona

Aranyozott ezüst, trébelt, poncolt, kagylós, leveles díszekkel. Hatpántos zárt korona típus, tetején áttört gömb, vésett héber felirattal: „Az itteni Pesti Chevra Kadisáé", toboz alakú csúccsal.
Bécsi hitelesítőjegy (1754) és „IB" (Joseph Bőheim) mesterjegy
M.: 20,5 cm
Á.: 15 cm
Ltsz.: 64.12
Reitzner No. 1377.

33. Tórakorona

Részben aranyozott ezüst, trébelt. Héber feliratos, gyöngysoros abroncs, stilizált akantuszlevél-pártával. Hatpántos zárt koronatípus, pántjain fonatos dísz, stilizált virágokkal, színes üveggyöngyökkel. Héber felirata: „A kanizsai hitközségnek az 556. (1796) évben a kis időszámítás szerint".
Bécsi vámbélyeg (1809–10)
XVIII. század második fele
M.: 33 cm
Á.: 22 cm
Ltsz.: 64.370
Reitzner 205.

34. Tórakorona

Részben aranyozott ezüst, trébelt, poncolt. Abroncskorona típusú, ovális alapú, két rimonnal kombinálva. A rimon felett 13-13 csengő, rácsozattal, tetején zárt korona, kétfejű sassal, abroncsán poncolt alapon palmettasor, alatta vésett héber felirat: „Az óbudai szent gyülekezetnek a kis időszámítás szerint 566. (1806) évben".
Pesti hitelesítőjegy (G évbetű, 1774–81) és Schwager János Mihály mesterjegye
M.: 43,5 cm
Á.: 30 cm
Ltsz.: 64.45
Kőszeghy No. 482., 389., 452.; *P. Brestyánszky* No. 114., 316., 194.
Kiállítás: A régi Buda és Pest iparművészetének kiállítása. No. 28.; Egyházi Gyűjtemények Kincsei. No. 378.

35. Tórakorona

Aranyozott ezüst, trébelt, vésett. Abroncskorona típusú, két rimonnal kombinálva. Abroncsán két gyöngysor között vésett levélinda, felette rocaille-ok és akantuszlevelek. Hengeres rimon, fenyőtobozzal, körülötte vésett csavart száron rácsok csengőkkel, tetején zárt korona, kétfejű sassal. Pesti hitelesítőjegy (1793–97) és Müller János Mihály mesterjegye
M.: 43 cm
Á.: 30 cm
Ltsz.: 64.46
Kőszeghy No. 396., 457., 485.; *P. Brestyánszky* No. 274., 99., 116.

Kiállítás: A régi Buda és Pest iparművészetének kiállítása. No. 29.

36. Tóravért

Aranyozott ezüst, trébelt. Tóraszekrény alakú, poncolt alapon kagylós díszekkel, kétoldalt csavart oszlopon álló oroszlán, közepén az ünnepjelző lemezeket tartó keret. Fent levéldíszes korona, vésett héber felirattal: „Az itteni Pesti Szent Egylet".

Bécsi hitelesítőjegy (1754) és „IB" (Joseph Bőheim) mesterjegy
M.: 21 cm
Sz.: 15 cm
Ltsz.: 64.5
Reitzner No. 1377.
Kiállítás: Egyházi Gyűjtemények Kincsei. No. 375.

37. Tóravért

Részben aranyozott ezüst, trébelt, vé-
sett. Kagylós és rácsozott kis kartus,
közepén vésett héber felirattal: „Befe-
jeződött a munka az 539. (1779) évben
a kis időszámítás szerint". Középen
akantuszlevél-koronás fülke a Tízpa-
rancsolat számára, kétoldalt rózsák
szőlőfürtköteggel. Pajzs alakú kartus,
oldalán két-két oszlop, a szélsőkön
ágaskodó oroszlánok. Baldachinos te-
tején fent kétfejű heraldikus sas.
Pesti hitelesítőjegy (1779) és Schwager
János Mihály mesterjegye
M.: 47,7 cm
Sz.: 28 cm
Ltsz.: 64.52
Kőszeghy No. 482., 389., 452.; *P. Bres-
tyánszky* No. 114., 194., 316.
Kiállítás: A régi Buda és Pest iparművé-
szetének kiállítása. No. 28.

38. Tóravért
(IV. tábla)

Részben aranyozott ezüst alapon
ezüstfiligrán. Ívelt, tóraszekrény alakú.
Alul kartus alakú keret az ünnepek
lemezkéivel, függesztőlánccal. Közé-
pén két oszlop között szamárhátíves,
nyitható, kétszárnyas ajtó, vésett év-
számos felirattal, türkizzel kirakott ro-
zettával. Az ajtók mögött kettős kő-
tábla a Tízparancsolat kezdőszavaival.
Tetején korona.
J. n.
Balkán? (török?)
XVII. század vége?
M.: 14 cm
Sz.: 12 cm
Ltsz.: 64.399

39. Tóravért

Ezüst, trébelt. Tóraszekrény alakú, két-
oldalt Mózes és Áron trébelt alakja.
Baldachin, két kőtábla a Tízparancso-
lattal, vésett „Pest isr. Gemeinde" fel-
irattal. Fent zárt korona.
Bécsi hitelesítőjegy (1805) és „FLT"
(Franz Lorenz Turinsky) mesterjegy
M.: 14,5 cm
Sz.: 12 cm
Ltsz.: 64.27
Reitzner No. 947.

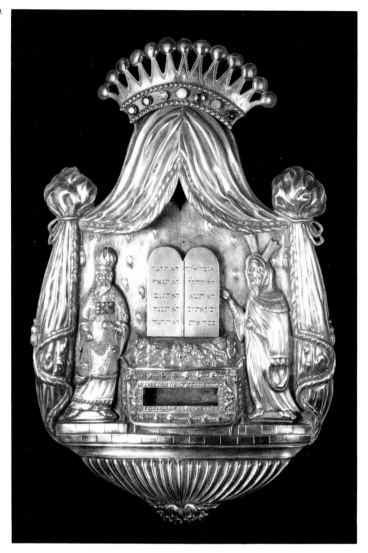

40. Tóravért

Részben aranyozott ezüst, trébelt. Baldachinos, pajzs alakú kartus, kétoldalt Mózes és Áron alakjával, középen a két kőtábla a Tízparancsolat héber kezdőszavaival, két angyalfejes, virágdíszes kerettel, az ünnepek lemezkéinek helyével. Fent tizenhárom ágú ékköves korona.
Bécsi adóbélyeg (1807)
M.: 49 cm
Sz.: 30 cm
Ltsz.: 64.734
Reitzner 204.

41. Tóravért

Részben aranyozott ezüst, trébelt. Harang idomú felső része levél- és rózsafüzérdíszes, kétoldalt baldachinnal,

középén két-két oszlop, pajzsot tartó oroszlánnal, köztük koronás két kőtábla a Tízparancsolat kezdőszavaival. Fent plasztikus, koronás heraldikus sas. Ünnepjelző keret lemezekkel, vésett héber felirattal: „Az óbudai szent gyülekezetnek a 600. évben (1840) kis időszámítás szerint". Bécsi hitelesítőjegy (1807) és „FL" (ifj. Friedrich Laubenbacher) mesterjegy
M.: 50 cm
Sz.: 32,5 cm
Ltsz.: 64.53
Reitzner No. 1157.

42. Tóravért

Részben aranyozott ezüst, trébelt, poncolt. Kartus alakú. Alul poncolt alapon trébelt rózsaszálak, stilizált akantuszlevelekkel. Középen kagylós díszű ünneptáblakeret, héber feliratú lemezekkel. A Tízparancsolat két kőtáblája, vésett héber feliratos ajtóval. Jobbra-balra két oroszlán. Tetején akantuszlevél-díszes korona. Lent vésett felirat: „Grósz Izsák és Rozália emlékére, lánya Ehrlich Mózesné".

Bécsi hitelesítőjegy (1850) és „CSS" (Christ. Sander) mesterjegy
M.: 53 cm
Sz.: 36 cm
Ltsz.: 64,2
Reitzner No. 1325/a.

43. Tóravért

Ezüst, trébelt, poncolt. Alul az ünne-
peket jelző táblakeret lemezekkel,
alatta rózsadísszel. Kartus alakú, láng-
nyelves rocaille-okkal keretezett me-
zőben kétoldalt egy-egy oszlopon álló
oroszlán tartja a Tóra koronáját a Tíz-
parancsolat héber kezdőszavait tar-
talmazó kettős kőtábla fölé.
Pesti hitelesítőjegy (1864) és Cseh Pál
mesterjegye
M.: 25 cm
Sz.: 24 cm
Ltsz.: 64.74
Kőszeghy No. 559.; *P. Brestyánszky*
No. 172., 240.

44. Tóravért

Ezüst, trébelt. Baldachinos kartus ala-
kú. Lent trébelt kagylós és stilizált le-
veles díszek. Kétoldalt poncolt alapon
oszlopon álló, kétfarkú koronás orosz-
lán a Tóra koronáját tartja a Tízparan-
csolat kezdő szavait tartalmazó két
kőtábla fölé. Alatta ünnepjelző keret.
Bécsi hitelesítőjegy (1861) és „JD" (Jo-
seph Dangl) mesterjegy
M.: 36 cm
Sz.: 27 cm
Ltsz.: 64.401
Reitzner No. 1426.

43.

44.

45. Tóramutató
Ezüst, trébelt. Négyoldalú és csavart szár, közepén és egyik végén gömbös dísz, lánccal, a másikon mutató jobb kéz.
Prágai hitelesítőjegy és „TH" mesterjegy (1814–66)
XIX. század eleje
A Pesti Chevra Kadisa tulajdonából
H.: 27 cm
Ltsz.: 64.13
Rosenberg III. No. 5001.

46. Tóramutató
Ezüst, trébelt. Háromoldalú szára négyszögekkel tagolt. Két végén és közepén lapos kockán nyugvó félgömb. Egyik végén lánc, a másik végén mutató jobb kéz. Elálló peremén vésett héber felirat: „Móse Reich, r.

Jákov Rodwan, Móse Rotter, Benjámin Schafe, R. Enzl, Icik Léb, az 599. (1839) évben a kis időszámítás szerint, a Chevra Kadisa vezetői Óbuda helységben".
Budai hitelesítőjegy (1834) és id. Gretschl József K. mesterjegye
H.: 28 cm
Ltsz.: 64.80
Kőszeghy No. 354.; *P. Brestyánszky* No. 26., 56.
Kiállítás: A régi Buda és Pest iparművészetének kiállítása. No. 49.

47. Tóramutató
Ezüst, trébelt. Hengeres kannelurás, baluszteres szár, három gömbbel osztott, egyik végén mutató jobb kéz.
Bécsi hitelesítőjegy (1858) és „JD" (Joseph Dangl) mesterjegy

H.: 27 cm
Ltsz.: 64.30
Reitzner No. 1426.

48. Tóramutató
Ezüst, trébelt. Négyoldalú szárán három lapos kocka, az egyik végén lánccal, a másik végén mutató jobb kéz.
Vésett héber felirat: „1837".
Óbudai hitelesítőjegy (1836) és Adler Fülöp mesterjegye
H.: 29 cm
Ltsz.: 64.81
Kőszeghy No. 375.; *P. Brestyánszky* No. 97.
Kiállítás: A régi Buda és Pest iparművészetének kiállítása. No. 37.

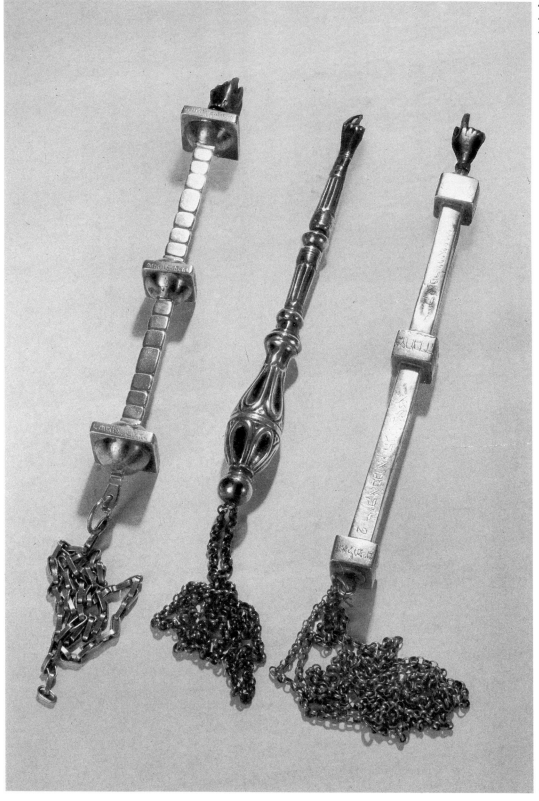

49. Tóramutató
Fa, faragott, mozgatható karikákkal és
golyóval az egyik végén, a másikon
mutató jobb kéz.
J. n.
Székely
XIX. század második fele, XX. század
eleje
H.: 40 cm
Ltsz.: 66.48

49.

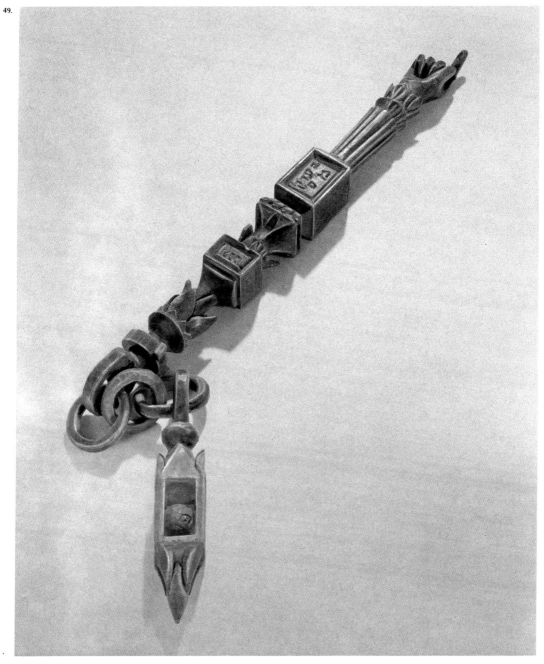

50. Kézmosó bögre
Ónozott vörösréz, trébelt. Csonkakú-
pos test, két nagy elálló füllel.
J. n.
Magyar?
XVIII. század
M.: 13,5 cm
Szá.: 11 cm
Ltsz.: 64.352

51. Kohanitatál
Ónozott vörösréz, trébelt. Négykaré-
jos magas, profilált perem, a perem
külső oldalán vésett héber felirat: „Sá-
muel levita ajándéka Nikolsburg hit-
községéből, az 594. (1834) évben a kis
időszámítás szerint".
J. n.
Magyar
XVIII. század közepe
H.: 40 cm
Sz.: 28,5 cm
Ltsz.: 64.355

52. Kohanitakorsó
Ón, öntött. Kerek profilált talp, körte
alakú test, széles kiöntő, rocaille-os
fül.
J. n.
Magyar
XVIII. század közepe
M.: 19 cm
Tá.: 9 cm
Ltsz.: 64.356

51.
52.

53. Levitakancsó

Ezüst, ovális, trébelt, vésett. Magas, tagozott talp, bordázott, körte alakú felső rész, kihajló kiöntő, rocaille-os fül. Testén vésett héber felirat: „Ezt ajándékozta Rosenthal Salamon az itteni Chevra Kadisának, Pest". Peremén bécsi hitelesítőjegy (1757) és „F. L." (Frantz Lintzberger) mesterjegy
M.: 18,5 cm
Szá.: 10,2 cm
Tá.: 8 cm
Ltsz.: 64.15
Reitzner No. 768.
Kiállítás: Egyházi Gyűjtemények Kincsei. No. 377.

54. Levitatál

Ezüst, trébelt. Nyolckaréjos, piskóta idomú test, peremén vésett héber felirat: „Emlékezetül ajándékozta ezt a tudós Rosenthal Salamon feleségével, Chajelével: Lelkük legyen bekötve az élők kötelékébe. 605-ben (1845) a kis időszámítás szerint, Chevra Kadisa, Pest".
„PD" mesterjegy
Bécs
1757
M.: 3,5 cm
Sz.: 37 cm
Ltsz.: 64.16

55. Levitakancsó

Ezüst, trébelt. Ovális, profilált talapzat, apró levélindás dísszel, körte alakú testén poncolt és trébelt állólevélsor, vállán trébelt fríz, virág- és levéldíszes inda gyöngysorral. Nyakán stilizált levéldíszes inda. Széles, gyöngysorokkal szegett kiöntő, sárkánykígyós fül. Peremén pesti hitelesítőjegy (1797) és id. Prandtner József mesterjegye
M.: 40 cm
Tá.: 10,5 cm
Ltsz.: 64.47
Kőszeghy No. 491., 393., 458.; *P. Brestyánszky* No. 119., 200., 296.
Kiállítás: A régi Buda és Pest iparművészetének kiállítása. No. 30.; Egyházi Gyűjtemények Kincsei. No. 374.

53.
54.

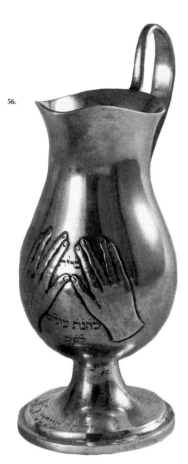

55

56.

56. Kohanitakorsó

Ezüst, trébelt. Kerek talp, körte alakú test, hasán elöl trébelt kohanita jelvénnyel, két áldó kézzel és vésett héber feliratokkal: „Az itteni Pesti Chevra Kadiséé". Talpán: „Örök papi szövetségül az 587. (1827) évben a kis időszámítás szerint". Széles kiöntővel és magasra felnyúló szalagfüllel.
Fenekén pesti hitelesítőjegy (1824) és Schmidt Ferenc mesterjegye
M.: 22,3 cm
Tá.: 9 cm
Ltsz.: 64.351
Kőszeghy No. 522., 400.; *P. Brestyánszky* No. 130., 312.
Kiállítás: A régi Buda és Pest iparművészetének kiállítása. No. 39.

57. Gyűjtőtálka

Ezüst, trébelt, vésett. Félgömbös test, kis vízszintes peremmel, virágszirom alakú kis fogóval. Peremén vésett héber felirat: „Az Óbudai Chevra Kadisa számára a kis időszámítás szerint 562. (1802) évben".
Peremén pesti hitelesítőjegy, „N" évbetű (1802) és Müller Antal mesterjegye
Á.: 13,2 cm
Ltsz.: 64.487
Kőszeghy No. 496., 459., 393.; *P. Brestyánszky* No. 116., 272., 201.

58. Gyűjtőtálka

Ezüst, trébelt, vésett. Félgömbös test, kis vízszintes peremmel, palmettaidomú fogóval. Peremén vésett héber felirat: „Készült Icig Totisz imaházának jótékonysági pénzéből, Chájim Spitz és Pészach Wechsbaum gabbájok által Óbudán az 581. (1821) évben a kis időszámítás szerint".
Peremén budai hitelesítőjegy (1815) és Czigler Pál mesterjegye
Á. : 12,7 cm
Ltsz. : 64.486
Kőszeghy No. 343., 311.; *P. Brestyánszky* No. 54., 18.
Kiállítás: A régi Buda és Pest iparművészetének kiállítása. No. 35.

57.
58.

59. Halotti gyűjtőpersely

Ezüst, trébelt, vésett. Sírhant idomú. Tetején és előlapján a betegágy, a halotti ágy, a halottmosás és a halottvitel vésett jeleneteivel, vésett héber felirattal: „Készíttetett a Chevra Kadisa pénztárának a Pesti Szent Egylet elöljáróitól, Pest, a kis időszámítás szerint 563. (1803) évben". Nagy, kengyeles fül.

Pesti hitelesítőjegy (1803) és Trautzl Tamás mesterjegye

M.: 15,5 cm
Ltsz.: 64.485
Kőszeghy No. 393., 501.; *P. Brestyánszky* No. 119., 334.
Kiállítás: A régi Buda és Pest iparművészetének kiállítása. No. 33.; Egyházi Gyűjtemények Kincsei. No. 381.

59.

60.

61.

60. Gyűjtőpersely

Ezüst, trébelt, vésett. Hengeres test, oldalán szalagcsokros, levéldíszes pajzs. Plasztikus kígyófül. Fedelén plasztikus ülő oroszlán.

Oldalán és a pajzsban vésett héber feliratok: „Ezt a perselyt készíttették a vezető főgondnok urak itt az Óbudai Chevra Kadisában a halottak emlékére az 583. (1823) évben a kis időszámítás szerint".

Pesti hitelesítőjegy (1822) és Pasperger Ferenc mesterjegye

M.: 19 cm
Á.: 8,7 cm
Ltsz.: 64.513
Kőszeghy No. 487., 393., 458.; *P. Brestyánszky* No. 284., 128.
Kiállítás: A régi Buda és Pest iparművészetének kiállítása. No. 38.

61. Talpas gyűjtőtálka

Ezüst, trébelt, vésett. Kerek, tagolt talpán palmettasor. Három részre osztott félgömbös tálka, közepén plasztikus szőlőfürttel. A tál peremén vésett héber felirat: „A Chevra Kadisának ajándékozták a nevezett férfiak a kis időszámítás szerint 602. (1842) évben".

Budai hitelesítőjegy (1841) és id. Gretschl József K. mesterjegye

M.: 15 cm
Á.: 15,5 cm
Ltsz.: 64.478
Kőszeghy No. 354.; *P. Brestyánszky* No. 56., 29.
Kiállítás: A régi Buda és Pest iparművészetének kiállítása. No. 46.

62. Fedeles persely

Ezüst, trébelt, vésett. Téglalap alakú talpon álló test. Oldalt szögletes fül. Magasan bordázott tetején négyszögű nyílás. Elöl négyszögű, rocaille-os díszű kartusban vésett héber felirat: „A kanizsai hitközség jótékonysági perselye, kis időszámítás szerint 602 (1842)".

Bécsi hitelesítőjegy (1840) és Louis Vaugoin vagy Alois Wackenroder mesterjegye
M.: 20 cm
Ltsz.: 64.507
Reitzner No. 1423., 1424.

62.

95

63. Fedeles persely

Ezüst, trébelt, vésett. Ovális alapú hengeres test, talpán és fedelének alján gyöngysoros dísszel. Magas fedelén trébelt, gerezdelt hólyagok között négyszögű nyílás. Kérdőjeles fül. Elöl vésett héber felirat: „Ez a persely a Chevra Kadisa pénztárából készült a temetések idejére a… főgondnokok… gondnokok itt Pesten 615. (1855) évben a kis időszámítás szerint". Vésett német felirat: „Verfertigt im Jahre 1855".

Pesti hitelesítőjegy (1855) és Schmidt Ferenc mesterjegye
M.: 18 cm

Á.: 13 cm
Ltsz.: 64.509
Kőszeghy No. 523., 163.; P. Brestyánszky No. 312.

64. Fedeles persely

Részben aranyozott ezüst, trébelt, vésett. Kancsó alakú test, oldalán gazdag lángnyelves, rocaille-os, rózsás díszű kartusokkal, talpa és fedele körül ugyanilyen díszű öv. Zárható fedelén négyszögű nyílás. Elöl vésett héber felirat: „Szegényeket és szerencsétleneket gyámolító egylet. N. Kanizsa. Készült a 608. (1848) évben a kis időszámítás szerint".

Bécsi hitelesítőjegy (1848) és Th. Mayerhoffer mesterjegye
M.: 17 cm
Á.: 8 cm
Ltsz.: 64.500
Reitzner No. 1307.

65. Persely

Ezüst, trébelt. Bordázott, téglalap alakú talpon téglalap alakú test, elöl két csavart oszlop között égő örökmécsessel. Szögletes, csavart fül. Két keskenyebb oldalán virágváza virágokkal.

Bordázott tetején nyílás. Héber felirata: „E persely a kanizsai hitközség örökmécs egyletének tulajdona. Készíttetett a jólelkűek adományából s elkészült a 614. (1854) évben a kis időszámítás szerint".

Bécsi hitelesítőjegy (184[?]3) és Corn Sagg von Sach mesterjegye
M.: 19 cm
Ltsz.: 64.498
Reitzner No. 1294.

66. Persely

Ezüst, trébelt. Hengeres test, széles, vastag, kérdőjel alakú fül. Testén héber felirat: „Ez a persely az óbudai hitközség Chevrájának tulajdona. Készittették a fő- és algabbájok és ellenőrök a kis időszámítás szerint a 624. (1864) évben".
Pesti hitelesítőjegy (1864) és Cserekviczky Ignác mesterjegye
M.: 12,5 cm

Á.: 8,5 cm
Ltsz.: 64.495
Kőszeghy No. 560.; *P. Brestyánszky* No. 241., 172.

67. Gyűjtőtál

Ezüst, trébelt. Lapított félgömb alakú test, kis vízszintes perem, vésett héber felirattal és évszámmal (1860). Kis fül.
Pesti hitelesítőjegy (1859) és Cseh Pál mesterjegye

67.
68.

M.: 8 cm
Tá.: 20 cm
Ltsz.: 64.484
Kőszeghy No. 559., 431.; *P. Brestyánsz-ky* No. 167., 240.

68. Temetői szegénypersely

Ezüst, trébelt, vésett. Ovális alapú hengeres testén elöl vésett koszorú-ban héber felirat: „Adomány a Chevra Kadisának Ábrahám Weisstől a kis időszámítás szerint 619-ben (1859)". Boltozatos tetején trébelt gerezdes hólyagok közt négyszögű nyílás. Kér-dőjeles fül.
Pesti hitelesítőjegy (1858) és Cseh Pál mesterjegye
M.: 18 cm
Ltsz.: 64.496
Kőszeghy No. 559., 430.; *P. Brestyánsz-ky* No. 240., 166.
Kiállítás: A régi Buda és Pest iparművé-szetének kiállítása. No. 48.; Egyházi Gyűjtemények Kincsei. No. 391.

69. Fűszertartó

Ezüst, trébelt, vésett. Kerek talp, töl-cséres szár, cápázott, csavart sávok-kal. Négyszögletes, torony idomú fel-ső részén áttört levéldíszes óralapok, elöl nyitható ajtóval. Tetején középen egy nagyobb, négy sarkában négy ki-sebb, leveles díszekkel áttört torony. Csúcsaikon gömb és zászló.
Nürnbergi „I" ötvösjegy
XVII. század vége
M.: 23,5 cm
Ltsz.: 64.172

70. Fűszertartó

Ezüstfiligrán. Hatoldalú talp, hatkaréjos, torony alakú, erkélyes, háromemeletes felső résszel, elöl nyitható ajtócskával. Középső emeletén harangocska és kettős ablaknyílás. Felső emeletén kis páros ablakok, tetején gömb, zászlóval.

Kivehetetlen mesterjegy
Kelet-Európa

XVIII. század vége
M.: 27 cm
Ltsz.: 64.174

71. Fűszertartó

Aranyozott ezüst, öntött. Kör idomú, profilált talpán trébelt levéldíszes koszorú. Plasztikus, ág alakú szárán alul álló oroszlán, feljebb öt gyümölcs. Teteje körte idomú. Felső részén, pon-

colt alapon öntött indás virágdísz között két lengyel sas. Kiemelhető, galléros kupakjának tetején aranyozott plasztikus madár.

12-es finomsági jel
Lengyel (Krakkó)
1830 körül
M.: 19 cm
Ltsz.: 64.203
Tardy No. 750.

70.
71.
72.

72. Fűszertartó

Ezüstfiligrán. Négy palmettás lábon áll
a négyoldalú filigrános talp. Torony
alakú felső részén alul körülfutó er-
kély, felül nyitható kis ajtó, tetején
gömb, zászlóval, rajta „J. G." mester-
jegy. Belül csengő.
Ifj. Gretschl József mesterjegye
Buda
XIX. század első fele
M.: 33 cm
Ltsz.: 64.171
Kőszeghy No. 354.; *P. Brestyánszky*
No. 56.

73. Fűszertartó

Ezüstfiligrán. Négy emberi talpon áll,
kétemeletes, torony alakú. Első eme-
letén nyitható ajtó, erkéllyel. Második
emeletén minden oldalon egy-egy
kettős ablak, belül csengővel. Sarkain
zászlócskák. Teteje négykaréjos, át-
tört művű gömbön zászlóval.
J. n.
Óbuda?
XVIII. század vége
M.: 32 cm
Ltsz.: 64.71

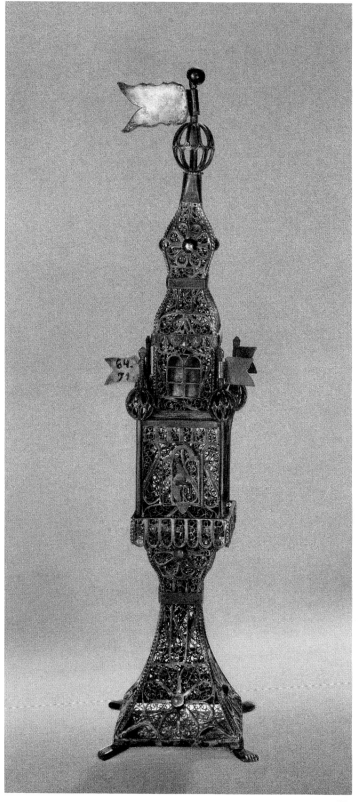

74. Fűszertartó

Ezüstfiligrán. Négyoldalú karéjos talp, középen torony idomú felső rész erkéllyel, elöl nyitható ajtóval. Felső része kupolaidom, aranyozott zászlókkal.
J. n.
Kelet-Európa
1830 körül
M.: 18 cm
Ltsz.: 64.209

75. Fűszertartó

Ezüst, trébelt. Négyszögű talpon felfelé keskenyedő, csonkakúpos szárának derekán álló levélgallér, hengeres felső részén vésett kockák.
J. n.

XVIII. század vége
M.: 14,5 cm
Ltsz.: 64.189

76. Fűszertartó

Ezüst, trébelt, vésett. Kerek, boltozatos talpán leveles koszorú, hengeres szár. Felső része vésett tégladísszel, áttört művű erkéllyel, elöl nyitható ajtóval, oldalán kettős ablakokkal és rozettákkal. Felső részén erkély, sarkain gömbökkel és zászlókkal. Tetején gömb, zászlóval. „GG" mesterjegy
Nürnberg
XVIII. század vége, XIX. század eleje
M.: 18 cm
Ltsz.: 64.195
Rosenberg III. No. 3767.

74.
75.
76.

77. Fűszertartó

Ezüstfiligrán. Négyszögű talp, filigrá-
nos, baluszteres nodus. Kétemeletes,
erkélyes, torony alakú tartó. Csúcsain
zászlók. Tetején baluszteres gömbön
kétosztású zászló.
Pesti hitelesítőjegy és „WM" (Mes-
serschmied Vince?, Meitinszky Vil-
mos?) mesterjegy
1806–10
M.: 25 cm
Ltsz.: 64.193
P. Brestyánszky 290.

78.

79.

81. Fűszertartó
Részben aranyozott ezüst, trébelt, filigrán. Oroszlánmancsokon álló, trébelt, négyoldalas, magas talapzat, rajta kétemeletes, torony alakú test. Az első emelet körül filigrános erkély, nyitható ajtó, csúcsain zászlók, ívelt tetején gömbön zászló, vésett héber felirattal, oldalain női fejes kámeával, kék, piros ékkövekkel. A zászlócskán vésett héber felirat: „Készült az adományokból az 591. (1831) évben a kis időszámítás szerint". Alsó részén: „A Kanizsai Jótékonysági Egylet tulajdona".
Magyar
1831
M.: 32 cm
Ltsz.: 64.187

82. Fűszertartó
Ezüstfiligrán. Négy gömbös lábon álló széles, sima peremű, profilált, magas talp. Háromemeletes, torony alakú test, első emeletén erkély, a második és harmadik emelet sarkain és tetején aranyozott ezüst zászlók. Első emeletén nyitható ajtó, belül csengő.
Pesti hitelesítőjegy (1860 körül, az évszám utolsó jegye elmosódott) és Cserekviczky Ignác mesterjegye
M.. 33 cm
Ltsz.: 64.169
Kőszeghy No. 560.; *P. Brestyánszky* No. 241.

78. Fűszertartó
Ezüstfiligrán. Nyolckaréjos idomú talp négy nagyobb, valamint négy kisebb rozettával. Teste gömb alakú, felső része nyitható. Tetején levelek, apró gömbbel.
J. n.
Kelet-Európa
XIX. század eleje
M.: 19 cm
Ltsz.: 64.186

79. Fűszertartó
Részben aranyozott ezüst, szalagfiligrán. Négy félgömbös lábon álló, téglalap alakú talp, négy félkörös, filigrános pártázattal.
Gömbös nodus, kocka alakú, filigrános toronytest, csúcsos, áttört toronysisakja tetején zászló. A tornyon elöl ajtó.
13-as finomsági jel
Magyar
XIX. század első fele

M.: 17 cm
Ltsz.: 64.201
Analógia: *M. G. Koolik:* Towers of Spice. No. 34.

80. Fűszertartó
Részben aranyozott ezüst, filigrán. Háromemeletes, torony alakú. Magas, négyoldalú, filigrános talp és nodus. Két emelete erkélyes, az elsőn nyitható ajtó, a másodikon és harmadikon nyitott ablak.
Gömbös tetején felül szarvas alakú zászlócska, felette sófárt fújó alak.
Bécsi hitelesítőjegy (1810–24)
XIX. század
M.: 37 cm
Ltsz.: 64.168
Analógia: *M. G. Koolik:* Towers of Spice. 46. ábra

83. Fűszertartó
Ezüst, öntött. Galamb formájú, vésett tollazattal.
J. n.
Magyar
XIX. század vége
H.: 7 cm
Ltsz.: 64.226

84. Fűszertartó
Ezüst, hengerelt, vésett. Hal alakú, tizenhárom részes, mozgatható teste és egész felülete vésett díszű, piros ékköves szemekkel.
Párizs
1809–10
H.: 18 cm
Ltsz.: 64.231
Tardy No. 192.
Analógia: *M. G. Koolik:* Towers of Spice. 9. ábra

85. Fűszertartó
Ezüst, trébelt. Gyertyakoppantó és tálka. Négy gömbös lábon álló, téglalap alakú tálkájának peremén kagylós és leveles dísz. Kétágú koppantójának dobozán trébelt dísz.
Ollón „I. S." (Johann Seidel) mesterjegy
Tálcán bécsi hitelesítőjegy (1836) és „K. P." mesterjegy
Tálka h.: 25 cm
Ltsz.: 64.215. 1–2
Reitzner No. 1287.

Részben aranyozott ezüst, filigrán.
Kapcsos imakönyv formájú, sötétszürke zománccal díszítve, tetején virágos foglalatban kék drágakővel.
J. n.
Magyar?
XIX. század közepe
M.: 7 cm
Sz.: 3 cm
Ltsz.: 64.217

86.

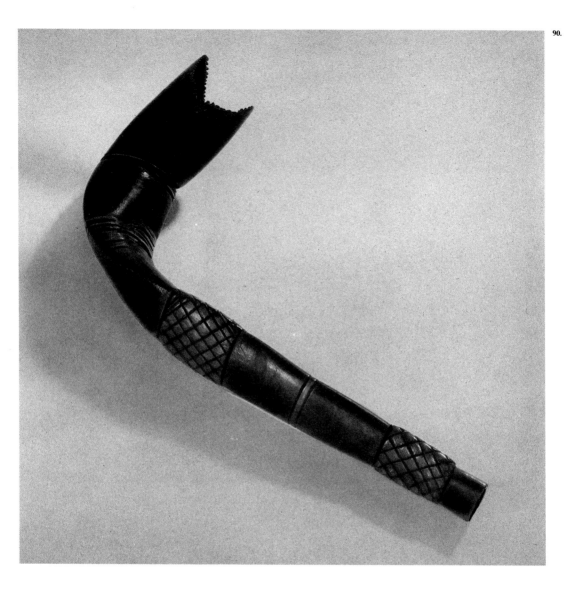

87. Fűszertartó
Sárgaréz, áttört, öntött. Gondola ala-
kú, áttört műves hajótest, kis nyitható
ajtóval, két evezőssel.
J. n.
Velence?
XIX. század vége
H.: 17 cm
Ltsz.: 64.2628

88. Fűszertartó
Ezüst, öntött. Tehén formájú, felnyit-
ható hátlemezén plasztikus méh.
J. n.
Kelet-Európa
XIX. század második fele
H.: 11 cm
Ltsz.: 64.188

89. Fűszertartó
Ezüstfiligrán. Kis mozdony alakú. Négy
áttört keréken áll, két kéménnyel.
„E. L." monogram
Óbuda?
XIX. század második fele
H.: 7 cm
Ltsz.: 64.225
Analógia: *M. G. Koolik:* Towers of
Spice. 14. ábra

90. Sófár
Fekete, szaruból faragott.
J. n.
Tunisz?
XIX. század eleje
H.: 36 cm
Ltsz.: 64.874

Analógia: *K. Katz–P. P. Kahane–M. Broschi:*
From the Beginning. 195/c.

91. Fedeles mézescsupor

Porcelán, aranyozott, apró zöld leveles indával, közepén aranyozott keretben héber festett „Boldog új évet" felirattal. Fenekén „G." jelzés nyíllal.
Cseh (Giesshübl)
XIX. század közepe
M.: 10,5 cm
Tá.: 7,5 cm
Ltsz.: 64.870
P. Brestyánszky Ilona: Ismerjük meg a kerámiát. No. 911.

92. Tallit-csat

Ezüst, trébelt, vésett. Téglalap alakú. Babérkoszorús keretben két koronás, heraldikus oroszlán és a Tóra koronája, pajzzsal, lekopott héber felirattal.
Bécsi adóbélyeg (1807–24)
H.: 11 cm
Sz.: 8 cm
Ltsz.: 64.869
Reitzner 132.

93. Tál

Ón, öntött, vésett. Öblében a sátoros ünnep plasztikus jelenete. Kettős gyöngysoros, hullámos peremén vésett héber felirat: „Sátrakban lakjatok hét napig". (Mózes III. 23:42.)
Bernard Picart metszete alapján
J. n.
Német
XIX. század
M.: 4,5 cm
Á.: 25 cm
Ltsz.: 64.337

92.

93.

94. Etrogtartó (fedeles serleg)

Aranyozott ezüst, trébelt, vésett. Hengeres testén három medalionban „Solon, Cyrus rex, Pythagoras" feliratos mellképe. Közöttük trébelt gyümölcs- és levéldísz. Fedelén gyümölcs- és levélinda, tetején gömb alakú fogó. Rávésett héber etrogáldás és „Ez a serleg a Kanizsai Chevra Kadisa Nér Támid Egylet tulajdona" felirat.
Augsburgi hitelesítőjegy és „FTD" mesterjegy
XVII. század
M.: 17 cm
Sz.: 11,5 cm
Ltsz.: 64.347

95. Etrogtartó (füles tál)

Részben aranyozott ezüst, trébelt. Öblében akantuszleveles, mákvirágos inda, rocaille-okból képzett két fül. Oldalán körben későbbi vésett felirat: „Ez a tál a Kanizsai Bikur Cholim Egylet tulajdona, készült [?] a kis időszámítás szerint 564. (1804) évben."
Elmosódott jelzés
Erdély?
Német?
XVII. század
M.: 3,2 cm
Á.: 20 cm
Ltsz.: 64.342

95.

96.

96. Etrogtartó

Ezüst, trébelt. Ovális testű, bordázott, fedeles cukortartó. Tetején vésett héber felirat: „Grünholz Mózes és neje, Dverl ajándéka a 606. (1846) évben a kis időszámítás szerint".
Bécsi hitelesítőjegy (1744) és I. A. Kölbel mesterjegye
M.: 7,5 cm
Á.: 12,5 cm
Ltsz.: 64.336
Reitzner No. 650.

97. Etrogtartó (cukortartó doboz)

Ezüst, trébelt. Vágott sarkú tégla alakú hasáb, nyitható fedelén nyilát köszörülő Ámorral és vésett feliratokkal. Kulccsal záródik. Vésett héber felirat: „Beszerezve az óbudai vezetők által az 595. (1835) évben a kis időszámítás szerint, Szukkot (sátoros) ünnepére". Budai hitelesítőjegy (1833) és id. Gretschl József K. mesterjegye
M.: 7 cm
H.: 14,5 cm
Sz.: 9 cm
Ltsz.: 64.345
Kőszeghy No. 354., 315.; *P. Brestyánszky* No. 56., 25.
Kiállítás: A régi Buda és Pest iparművészetének kiállítása. No. 42.

98. Etrogtartó (kókuszdióserleg)

Ezüst, pántokba foglalt. Ezüst szájperem és lábak. Testén hat mezőben vésett jelenetek. Boltozatos fedele tetején plasztikus madár. Peremén vésett felirat: „Chájim Jákob, fia Sámuelnek, Kiev 660. (1900) év a kis időszámítás szerint". Oldalán az ünnepi csokor benedikciója.
J. n.
Kijev
1900
M.: 13,5 cm
Szá.: 6,5 cm
Ltsz.: 64.334

97.

99. Chanukkai gyertyatartó (menóra)

Sárgaréz, öntött. Három állatkarmos lábon áll. Kerek, baluszterekkel tagolt szár, stilizált indákból alkotott felső rész, tetején nyolc gyertyatartó. A kancsó közepéből heraldikus koronás sas emelkedik ki. A kilencedik karon ugyancsak kancsó alakú gyertyatartó.
J. n.
Lengyel
XVI. század vége, XVII. század eleje
Eredetileg Reich Koppel (1838–?) főrabbié volt

M.: 73 cm
Ltsz.: 77.1
Kiállítás: Egyházi Gyűjtemények Kincsei. No. 371.

100. Chanukkai gyertyatartó

Bronz, öntött. Három oroszlán és három oszlop tartja a kerek, boltozatos talpat. Sokszorosan tagolt gyűrűs szár, felfelé kisebbedő négy-négy stilizált indás és oroszlános, kiemelhető gyertyatartó karral. A karok végén váza alakú gyertyatartók. A szár tetején ülő oroszlán, pajzzsal. Fején a kilencedik gyertyatartó. A menóra közepe felé „világítson a hét mécs" (Mózes IV. 8:2.) héber felirat. Talpán körben héber felirat: „Ajándékozta az erkölcsös Béle asszony, a művelt Salamon leánya a lembergi szent gyülekezetben".
J. n.
Lengyel
XVIII. század közepe
M.: 125 cm
Ltsz.: 64.1168

101. Chanukkai gyertyatartó (menóra)

Sárgaréz, öntött. Három oroszlánból kiemelkedő, szárnyas kígyókkal képzett tagolt talp. Tagolt szárán, a talp felett egy nagyobb és egy kisebb kör alakú koszorú, nyolc ág, két-két virággal. Felettük két oldalon négy-négy váza alakú gyertyatartóban végződő kar. Elöl a kinyúló kilencedik karon a kilencedik gyertyatartó. Köztük két öntött, álló oroszlán. Felette korona. A rács alapján héber felirat (benedikcióból), az erkély talapzatán a lengyel sas.
J. n.
Lengyel
XVIII. század közepe
M.: 190 cm
Ltsz.: 64.1167

102. Chanukkai gyertyatartó

Réz, öntött. Oldalt egy-egy alabárdos, támláján négy oroszlán között II. József császár portréja. Tálkáján nyolc olajtartó.
J. n.
Lengyel
XVIII. század vége
H.: 25 cm
Ltsz.: 64.259

103. Chanukkai gyertyatartó

Réz, öntött. Padkáján nyolc olajtartó, a fedelük hal alakú. Támlája áttört, indák között két szarvas és tetején két galamb. Oldalt egy-egy oroszlán feltartott farka egy-egy gyertyatartót tart.
J. n.
Lengyel
XIX. század
H.: 26 cm
Ltsz.: 64.269

102.

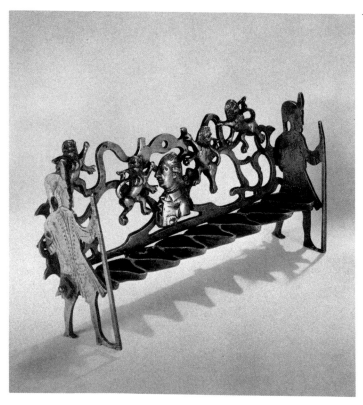

103.

104.

105.

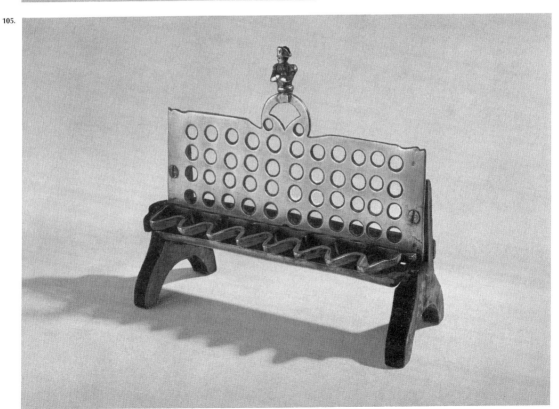

104. Chanukkai gyertyatartó

Sárgaréz, öntött. Négy hajlított lábon áll, padkáján nyolc, szögletben kiélesedő olajtartó. Támláján középen áttört levélinda, egy-egy lanttal. Oldala S alakú. Jobb oldalon tartó a kilencedik gyertya számára.
J. n.
Kelet-Európa?
XIX. század második fele
H.: 26 cm
Ltsz.: 64.272

105. Chanukkai gyertyatartó

Sárgaréz, öntött. Ívelt fatalpon áll. Magas háttámlája négy sor kerek lyukkal áttört. Tetején középen félkör alakú palmetta, felette Napóleon mellszobra, keresztbe font karral. Padkáján nyolc ívelt olajtartó (a láb újabb).
J. n.
Lengyel
XIX. század eleje
H.: 21 cm
Ltsz.: 64.262

106. Chanukkai gyertyatartó

Sárgaréz, öntött. A padka nyolc szögletes mécsestartóból áll. Támlája áttört indás, két ágaskodó oroszlánnal, középen gyümölcskosárral. Az egyik oroszlán fején a kilencedik tartó helye.
J. n.
Kelet-Európa
XIX. század közepe
H.: 21 cm
Ltsz.: 64.308

107. Chanukkai gyertyatartó

Sárgaréz, öntött. A tető alatt nyitott árkádsoros, templom formájú hátlap. A padkán elöl áttört műves rács, nyolc váza alakú gyertyatartóval. A táblája zsinagógát idéz, két ablak és ajtó helye kivágva, körülöttük gyertyatartó. Felül két stilizált állatalak, oldalain egy-egy álló oroszlán, farkukon egy-egy gyertyatartó.
J. n.
Lengyel
XX. század eleje
M.: 26 cm
Ltsz.: 64.300

106.

107.

108.

108. Chanukkai gyertyatartó
Ezüst, öntött, trébelt, áttört, filigránnal. Hat hajlott lábon áll. Padkáján nyolc korsó idomú mécses. Két oldala és táblája áttört indás-leveles filigránnal. Két oldalán madaras tóradísz, középen nyitható szekrényke. Tetején háromabroncsos korona, tetején madár. Padkája sakktáblamintás.
12-es finomsági jel, szarvast ábrázoló hitelesítőjegy
Lengyel?
XVIII. század vége, XIX. század eleje
M.: 22 cm
Ltsz.: 64.286

109. Menóra
Ólom. Nyolc szék alakjában öntve.
J. n.
Lengyel
1910-es évek közepe
M.: 7,6 cm
H.: 14,5 cm
Ltsz.: 64.326

109.

110. Chanukkai gyertyatartó
Ezüst, öntött. Négy szárnyas oroszlán-
fejes láb. Talpa áttört indás, palmettás
frízzel. Padkáján nyolc kagyló idomú
mécses. Baldachinos kartus alakú táb-
láján bőségszaru gránátalmával, a bal-
dachin alatt szőlőlevél-koszorúban
antik korsó.
J. n.

Osztrák vagy magyar
1830 körül
M.: 30,5 cm
Ltsz.: 64.277

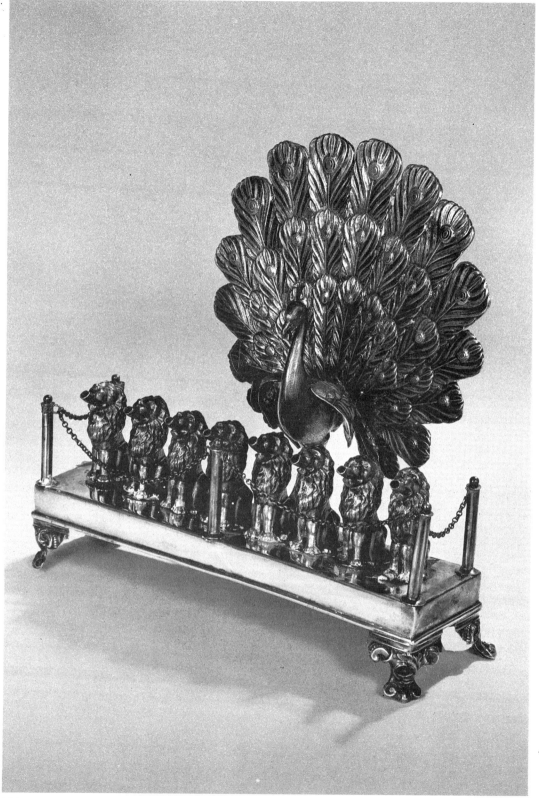

111. Chanukkai gyertyatartó

Ezüst, öntött, trébelt. Négy rocaille-os lábon áll a sima padka. Mécsestartója nyolc ülő oroszlán. Hátul középen széttárt farkú, plasztikus páva.
Hátul bécsi hitelesítőjegy (1860) és „F. T." mesterjegy
M.: 26 cm
Ltsz.: 64.282

112. Chanukkai gyertyatartó

Ezüst, öntött. Két háromoldalú, áttört leveles és virágos lábon áll. Támláján áttört palmettadíszes fríz, padkáján hét apró, ovális gyertyatartóval. Középen lyra, két hattyúval. Tetején, oldalt a kilencedik mécses.
Óbudai hitelesítőjegy (1864) és Adler Fülöp mesterjegye
M.: 11 cm
H.: 26 cm
Ltsz.: 64.284
Kőszeghy No. 375.; P. Brestyánszky No. 98.

113. Gyertyatartópár

Ezüst, fémnyomott. Nyolckaréjos, domború, bordázott talp, levél- és rózsadísszel, bordázott, baluszteres szár, bordázott, kehely alakú tartóval.
Bécsi hitelesítőjegy (1863) és „Reiner" mesterjegy
M.: 30,5 cm
Ltsz.: 80.10. 1-2

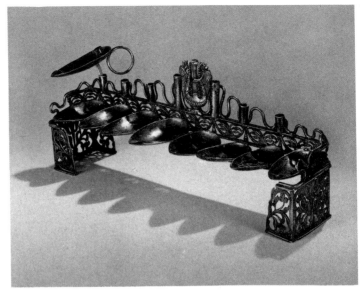

112.

113.

114. Megillatok

Ezüst, trébelt. Bordázott alj és tető. Hólyagos kialakítással, ananász formájú gombbal. Hengeres testén akantuszleveles dísz és héber felirat.

Bécsi hitelesítőjegy (1844) és Adam Hügel mesterjegye
H.: 20,5 cm
Ltsz.: 64.2627
Reitzner No. 1378.

115. Gyertyatartópár

Ezüst, öntött, trébelt, fémnyomott. Nyolckaréjos, boltozatos talpán poncolt rózsacsokor, baluszteres szár. Kehely alakú gyertyatartó, tetején plasztikus fácán.
Bécsi hitelesítőjegy (1858) és Carl Schill mesterjegye
M.: 37 cm
Ltsz.: 64.23. 1–2
Reitzner No. 1228.

114.

116.

117.

116. Púrimtál

Ón, öntött, vésett. Öblében vésett Púrim-jelenet, közepén a lovagló Mordechájt vezető Hámán, körülötte gránátalmás, tulipános vésett dísz, belső és külső peremén héber felirat: „A bajai (?) templomból."
J. n.
Délnémet?
1768
Á.: 21 cm
Ltsz.: 64.359

117. Púrimtál

Ón, öntött, vésett. Öblében vésett Púrim-jelenet, a lovagló Mordechájt vezető Hámán. Peremén vésett héber felirat, idézet *Eszter könyvéből:* „Hámán elővette az öltözéket és a lovat, felöltöztette Mordechájt, és körülvezette a város utcáin..." Fenekén a héber abc első betűje, az alef (a készítő neve?) és „ISI" monogram.
Magyar?
XVIII. század vége–XIX. század eleje
Á.: 30 cm
Ltsz.: 64.360

118. Szédertál

(V. tábla)
Ónmázas majolika, korongolt, magastűzű színezéssel festett bibliai képekkel. Négy stilizált, szív alakú medalionban bibliai alakok, köztük színes, apró virágszálak. Öblében héber felirat, a Zsoltár 113:1. szövege: „Örökké való szolgái, dicsőítsétek Istent", és a széder-szertartás mozzanatai. „Jákob, a kohanita Anconából" felirat. Fenekén feketével „KT" héber betűvel és korona (valószínűleg utólagos festéssel).
Olasz
1654(?)
Á.: 47 cm
Ltsz.: 64.427
Irodalom: *B. C. Roth:* Jewish Art. 342.
Kiállítás: Egyházi Gyűjtemények Kincsei. No. 394.
Analógia: Prága, London, Párizs Zsidó Múzeumaiban

120.

Marcus Benedict

119. Szédertál
(VI. tábla)

Ónmázas majolika, korongolt, magastűzű színezésű festéssel. Peremén négy nagyobb medalion és négy kisebb stilizált, szív alakú medalion, bennük Mózes, Áron, Dávid, Salamon alakjaival. A nagy medalionban Izsák megáldja Jákobot, és József eladásának ábrázolása. A másik kettőn virágcsokor. Héber felirat (a 114. zsoltár szövege) és „Jakob Azulai Pesaro, 1652". Fenekén kék „JA" jelzés.
Olasz (Pesaro?)
1652?
Á.: 48 cm
Ltsz.: 64.445

Irodalom: *B. C. Roth:* Jewish Art. 392. Kiállítás: Egyházi Gyűjtemények Kincsei. No. 394.

120. Szédertányér

Keménycserép, kék festéssel, bordázott perem. Öblében Marcus Benedictus latin betűs neve és portréja. Fenekén beütött „PÁPA" jelzés.
Pápa
1837–39
Á.: 22,4 cm
Ltsz.: 64.423
Irodalom: Néhai Kilényi Pál gyűjteménye. A Gyűjtő (V) 1916. No. 313.

121. Szédertál

Porcelán, színes kézi festésű díszítéssel. Cakkozott pereme lilásrózsaszín, rajta fehér levélkoszorú. Öblében ovális medalionban fekete betűs, a széder-szertartás mozzanataira utaló héber felirat. Öblében három színes rózsa.
Herend
XIX. század közepe
Á.: 35 cm
Ltsz.: 64.418

122. Szédertál

Porcelán, kézi festéssel. Hullámos, kosárfonásos perem. Öblében, fehér mezőben liláspiros rózsakoszorú és a „Há láchmá" szövege. Fölötte kék sávban, nyolc ovális mezőben a széderszertartás mozzanatainak feliratai.
Herend
XIX. század közepe
Á.: 24 cm
Ltsz.: 64.420

123. Szédertányér

Keménycserép, szépiafestésű „bölcs"
ábrázolásával, az amszterdami Haggá-
da Hachamja után, héber felirattal.
Fenekén beütött „PÁPA" jelzés.
Pápa
1837–39
Á.: 24 cm
Ltsz.: 64.443

124. Szédertál

Porcelán, kézi festéssel. Peremén zöld
alapon lilásrózsaszín virágok és
ugyancsak lilásrózsaszín levelek vált-
ják egymást. Nyolc medalionban a
széder-szertartás mozzanatai, héber
felirattal, két mezőben Steiner Simon
és Steiner Antónia nevével. Középen
virágcsokor.
Herend
XIX. század közepe
Á.: 31 cm
Ltsz.: 64.422

125. Szédertál
Keménycserép, színes kézi festésű díszítéssel. Ovális peremén áttört rozetták és plasztikus virágfüzér. Medalionokban a széder-szertartásra utaló feliratok. Öblében, rózsacsokros keretben a „Há láchmá" szövege.
Herend
1840 körül
Á.: 24 cm
Ltsz.: 64.419

126. Szédertál
(VII/a. tábla)
Porcelán, színes kézi festéssel, aranyozott. Pávakék, pikkelyezett peremén hat fehér mezőben héber felirat a széder-szertartás mozzanataival. Öblében széderező család öt személlyel.
Herend
XIX. század közepe
Á.: 33 cm
Ltsz.: 64.426
Kiállítás: Egyházi Gyűjtemények Kincsei. No. 395.

127. Szédertál
(VII/b. tábla)
Porcelán, kézi festéssel. Hullámos peremén zöld alapon, nyolc medalionban a széder-szertartás mozzanatai, héber felirattal. Rózsaszínű öblének közepén medalionban hattagú széderező család ábrázolása a kézmosás jelenetével.
Herend
XIX. század közepe
Á.: 33 cm
Ltsz.: 64.425

125.

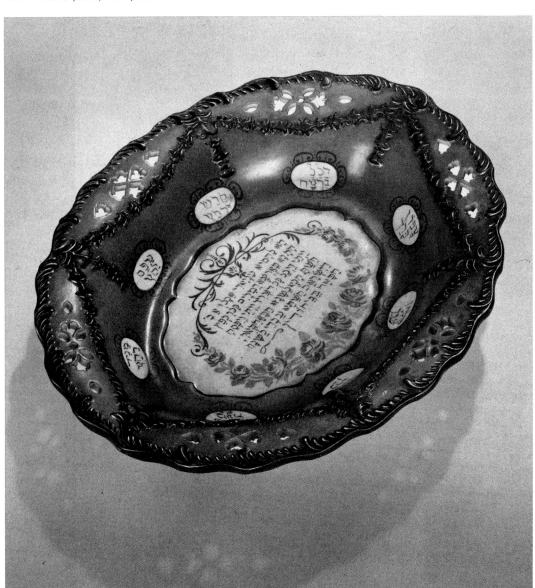

128. Szédertál (talpas tál)

Porcelán, kézi festéssel. Sugaras geometrikus díszítésben rozetták. Köztük medalionokban a széder-szertartás feliratai, közepében „Ez a sanyarúság kenyere" kezdetű haggádai bevezető rész szövege, héber betűkkel. A tál fenekének közepében a „Há láchmá" szövege. Fenekén festett felirat: „Fischer Vilmos porcelánfestészete, Kolozsvár. 1881".
Á.: 36,5 cm
Ltsz.: 64.417

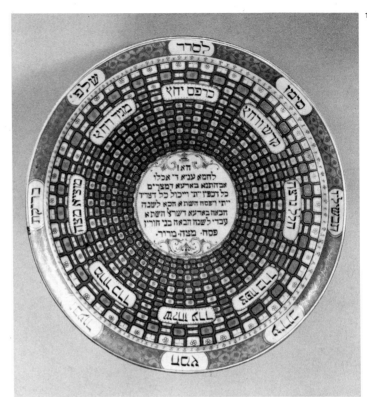

129.

129. Szédertál

Porcelán, festett, dúsan aranyozott, Kubasch-mintával. Peremén a széderszertartás mozzanatai, öblében a „Há láchmá" szövege.
Fischer Vilmos
Kolozsvár
1896
Á.: 39 cm
Ltsz.: 64.416

130. Szédertál
(VIII/a. tábla)

Talpas, porcelán, kézi festéssel. Talapzatán aranyozott díszítés. Hullámos peremén kis aranyozott levél- és bogyódísz. Körül vörös szalaggal övezett

keretben a Peszách festett szimbólumai: bárány, máccá, keserűfű, héber felirataikkal. Öblében bibliai jelenet: Mózes lecsendesíti a tengert. Körben héber felirat: „Emlékezz, hogy rabszolga voltál Egyiptom országában, ezért parancsolom neked, hogy így cselekedj". (Mózes V. 24:22.)
Neumann Jónás festése
Nyitra
XIX. század vége
Á.: 39 cm
Ltsz.: 64.449

131. Szédertál
(VIII/b. tábla)

Porcelán, kézi festéssel. Öblében, fe-

hér alapon egy nagyobb és egy kisebb virágcsokor aszimmetrikus elrendezésben, köztük egy-egy szál virág, természetes színezéssel. Felettük héber felirat a tojás, a sült, a keserűfű, a charoszesz (fahéjas alma-dió keverék) és a zöldség nevével.
Neumann Jónás festése
Nyitra
XIX. század vége
Á.: 37 cm
Ltsz.: 64.448

132. Emeletes szédertál

Esztergált fa. Négy lapos, kerek tálca, baluszteres tartókkal, baluszteres lábakkal. Tetején öt kis talpas, kehely alakú tartó.
Magyar
XIX. század közepe
M.: 39 cm
Á.: 29 cm
Ltsz.: 66.52

132.

133. Serleg

Porcelán, aranyozott medalionban Farkasházy Fischer Vilmos apjának kézi festésű arcképével. Fenekén felirat: „Emlékül Fischer Vilmos, Kolozsvárt, 1879".
J. n.
M.: 26 cm
Tá.: 5,5 cm
Ltsz.: 64.428

134. Széderpohár
Ólomüveg, csiszolt. Vésett széderjele-
nettel.
J. n.
Cseh
XIX. század közepe
M.: 13,8 cm
Tá.: 6,5 cm
Ltsz.: 64.429

135. Borospalack
Üveg, öntött, vésett széderjelenettel,
levélfüzérben „NI" monogrammal.
„Zum Andenken 1860" felirat.
Magyar
M.: 14.5 cm
Ltsz.: 64.522

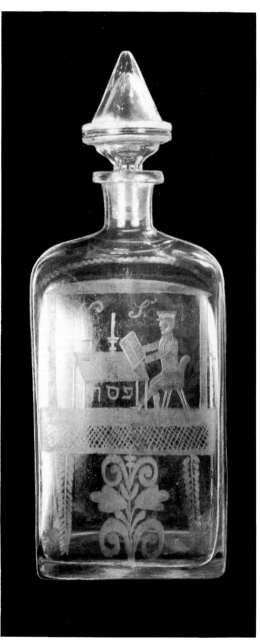

136. Szédertál

Ón, öntött, vésett. Öblében vésett, kétfejű, koronás, heraldikus griffmadár, peremén héber felirat a széderszertartás mozzanataival. Fenekén: „17 SCHLAKA 59" felirat és három rózsás ónbélyeg.
Cseh
1759
Á.: 35,5 cm
Ltsz.: 64.834

137. Szédertál

Ón, öntött, vésett. Peremén vésett virágos ág és héber felirat a széderszertartás rendjével, a kis időszámítás szerint 526 (1766) évszámmal. Közepén „Wolf" héber betűkkel. Rozettás ónbélyeggel: „1766".
Á.: 30 cm
Ltsz.: 64.535

138. Szédertál

Ón, öntött, vésett. Hullámos, profilált peremszegély, peremén vésett héber rövidítésekkel. Fenekén vésett koronás „MT" jelzés és „F. EVERS" bélyegző, két angyallal, koszorús, oroszlánfejes jegy. Párdarabbal.
F. Evers
Angol?
XVIII. század közepe
Á.: 25 cm
Ltsz.: 64.548. 1

139. Szédertál

Ón, öntött, vésett. Öblében széderjelenet. Peremén vésett héber felirat (Mózes II. 12:11.): „S ily módon egyétek azt [a peszáchi bárányt]: derekaitok felövezve, saruitok lábaitokon és botjaitok a kezetekben. Az Úr peszáchja az!" és Dávid-csillag. Fenekén „C. W." monogram és angyalos ónbélyeg, kezében zászlóval és mérleggel.
Német vagy tiroli?
XVIII. század
Á.: 36 cm
Ltsz.: 64.836

140. Szédertál

Ón, öntött, vésett. Peremén vésett héber felirat a széder-szertartás mozzanataival és „SE" monogram. Fenekén vésett „GB" monogram.
Cseh
XVIII. század vége–XIX. század eleje
Á.: 30 cm
Ltsz.: 64.547

141. Szédertál

Ón, öntött, vésett. Öblében vésett jelenet két oroszlánnal, egy toronnyal, alatta a tóraszekrénnyel, „1819" vésett latin évszámmal. Peremén vésett héber felirat a széder-szertartás mozzanataival. Fenekén három rózsás ónbélyeg „CHLAHA" felirattal, téglalap alakú keretben.
Magyar?
1819
Á.: 38 cm
Ltsz.: 64.845

142. Szédertál

Ón, öntött, vésett. Öblében vésett bibliai jelenet; Dávid és Góliát, héber felirattal, körben vésett virágindával. Peremén vésett héber felirat a széderszertartás mozzanataival. Fenekén „Josephus Adler Anno 1829" bevésett felirat és héber „DM" monogram.
Magyar?
1829
Á.: 34 cm
Ltsz.: 64.849

143.

144.

143. Zsoltáros könyv kommentárral

Ezüstkötésben, mindkét oldalán magas trébelésű bibliai(?) jelenettel. A gerincén akantuszleveles díszítés. Ezüstkapcsokkal ellátva.
J. n.
Amszterdam?
XVII. század
M.: 11,8 cm
Sz.: 7,3 cm
Ltsz.: 64.685

144. Imakönyv

Bordó bársonykötésben, ezüstborítással, áttört akantuszleveles indákkal, középen levélkoszorúban ovális medalion, ötágú koronával, vésett héber felirattal. Fedőlapján a tulajdonos neve.
Hannover-Altstadt hitelesítőjegy (1696) és „A" mesterjegy

M.: 19,3 cm
Sz.: 12,5 cm
Ltsz.: 64.686
Rosenberg No. 2489.

145. Lőw Lipót rabbi bibliája

Ezüstkötésben, trébelt, poncolt. Stilizált lomb- és virágdísz, előlapján trébelt fekvő oroszlánnal, hátlapján szívvel, benne vésett héber felirattal: „Emlékül a jót kedvelők valamennyi tagjától. Pápa, 1850".
Bécsi hitelesítőjegy (1850) és „AW" (Louis Vaugoin) mesterjegy
M.: 17 cm
Sz.: 11 cm
Ltsz.: 64.612
Reitzner No. 1423.

146. Imakönyv kommentárral
Barna bársonykötés, ezüstfiligrános,
palmettás veretekkel, középen egy
nagy és négy kis rozettával. Csatján
„GS" mesterjegy és 13-as hitelesítőbé-
lyeg.
GS (Sodomka György) mester
Nyitra
XIX. század közepe
M.: 24 cm
Sz.: 19 cm
Ltsz.: 71.5
Kőszeghy No. 1585.

147. Szefárd ünnepi imakönyv

A zarándokünnepekre, áttört ezüstkötésben, sűrű akantuszlevél-indákkal, barna bársonyalapon. Középen csúcsos talpú pajzsban 604-es (1844) évszám, a másik oldalon „Jakob" vésett héber felirat, a tulajdonos neve. Gerincén trébelt leveles dísz.
Bécs
1844
M.: 18 cm
Sz.: 12 cm
Ltsz.: 64.684

148. Imakönyv

Zöld bársonykötésben, előlapján csontdíszítéssel, kivágott virágdísszel, ezüstveretekkel, közepén ovális medalionban stilizált levéldíszben a két törvénytábla. Csatokkal ellátott.
J. n.
Bécs
1880 körül
M.: 17,5 cm
Sz.: 12,2 cm
Ltsz.: 64.806

149. Imakönyv (Sziddur)

Német fordítással. Nyers disznóbőr kötésben, ezüstveretekkel, előlapján kék-fehér zománcos, tulipános díszítéssel. Lécekkel keretezett mező közepén, ovális medalionban egymásba font „MW" zománcos monogram. Két zománcos csattal. (Jegyajándék.)
Budapest
1889
M.: 18 cm
Sz.: 13 cm
Ltsz.: 64.789

150. Imakönyv

Elefántcsont kötésben, aranyozott ezüstverettel. Előlapján díszes, egymásba font, csontból faragott „JHES" monogram, csatja vésett virágdíszes. Ezüst, vésett tekercsen „Pest 4. dec. 1870" felirat.
Pest
1870
M.: 18 cm
Sz.: 13 cm
Ltsz.: 64.609

151. Imakönyv

Izraeliták számára, magyar fordításban, bordó bársony, csonttal borított díszkötésben. Előlapján neogótikus fülke (stilizált tóraszekrény) a két törvénytáblával, felette a tórakorona. Alul kivágott, stilizált indadísz. Fémkapcsokkal ellátva.
J. n.
Bécs
1894
M.: 18,5 cm
Sz.: 12,5 cm
Ltsz.: 76.1

150.

151.

152.

153.

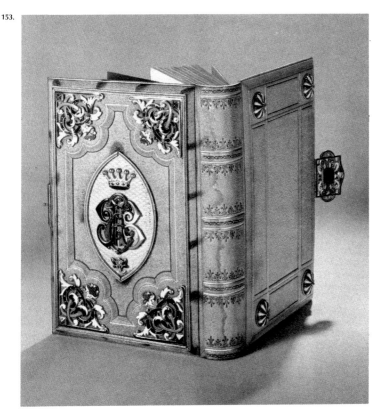

152. Imakönyv

Barna bőrkötésben, gyöngyház- és fémrátétes díszítéssel, előlapján jobbra fent gyöngyház medalionban a két törvénytábla, balra lent a tóratekercs virágindával. Gerincén „Die Himmelspforte" (D. M. Letteris. Bp., 1890. V. Lőwy's Sohn) aranyozott címfelirat. Fémkapcsos kötése magyar.
1890
M.: 18,3 cm
Sz.: 12,5 cm
Ltsz.: 64.807

153. Imakönyv

„Töfilát Jiszráel" német fordítással. Natúrszínű disznóbőr kötésben, előlapjának négy sarkában zománcozott, színes, stilizált virágdísszel. Közepén mandorlában ötágú korona alatt „IEB" összekapcsolt monogram, alatta kis nefelejcs. Kapcsa zománcozott.
Bécs
1883 körül
M.: 18,5 cm
Sz.: 13 cm
Ltsz.: 64.801

154. Tefillin-tok (2 db)

Ezüst, hengerelt, vésett. Két hajlított, négyzetes talpacskán álló kocka. Öszszecsukható. Tetején stilizált, vésett rozetta.
Ajtaján lembergi adóbélyeg (1806–07)
M.: 7 cm
Sz.: 5 cm
Ltsz.: 64.741. 1–2
Reitzner 129., No. 133.
Analógia: Synagoga. No. 278.

154.

155. Csüngő amulett

Ezüst, kartus idomú, trébelt, áttört. Két oldalán barokk, csigásan hajló akantuszlevél. Középen sasos címer. Alján szőlőfürt. Az akantuszlevél felett balra fent füstölő, középen felhőkön főpapi föveg. Tetején baldachin, szalagcsokorral. Hátlapján balra fent hétágú menóra. Jobbra a Tízparancsolat két kőtáblája. Mindkét oldalon középen az „Örökkévaló" héber felirat.

J. n.

Olasz

XVIII. század közepe

M.: 12 cm

Ltsz.: 64.564

Analógia: *V. A. Klagsbald:* Jewish Treasures from Paris. No. 163; Synagoga. No. 443.

156. Amulett

Ezüst, öntött, vésett. Tóraszekrény alakú, két oldalán egy-egy oszloppal, szélein neobarokk levéldísz. Közepén bevésve az áldás héber szövege.

J. n.

Osztrák vagy magyar

XIX. század első fele

M.: 8,5 cm

Sz.: 5 cm

Ltsz.: 64.578

155.

157. Amulett

Ezüst, trébelt, vésett. Felül három karéjos záródású, négyzet alakú mezőben, két koronás, csavart oszlop között koronás héber „H" betű.
J. n.
Osztrák vagy magyar
XVIII. század vége
M.: 7,3 cm
Sz.: 5,7 cm
Ltsz.: 64.573

158. Amulett

Ezüst, trébelt. XVI. Lajos korabeli kartus alakú, fonott díszű perem. Két részre osztott. Alsó mezejében két csavart oszlop között bibliai jelenet: Izsák feláldozása. Felső részén, felhők között nyitott könyv a Tízparancsolattal, felette korona. Hátoldalán menóra a héber betűs „Örökkévaló" felirattal és a papi áldás kezdőszavaival.
Római hitelesítőjegy
Olasz
XVIII. század vége
M.: 8,5 cm
Sz.: 5,2 cm
Ltsz.: 64.574
Rosenberg No. 7433.

156.

7.

158.

159. Amulett

Ezüstfiligrán. Csatos imakönyvforma, elő- és hátlapja közepén kör alakú medalionban héber betűs „Örökkévaló" felirat.

J. n.

Magyar

XIX. század eleje

M.: 7,5 cm

Sz.: 5,5 cm

Ltsz.: 64.562

160. Amulett

Részben aranyozott ezüstfiligrán. Hengeres teste áttört leveles díszű, rajta négy lánctartó gyűrű lánccal, végén nyitható medalion. A henger két végén áttört félgömbös kupak, az egyik nyitható.

„ET" mesterjegy

XIX. század

H.: 11 cm

lánc h.: 45 cm

Ltsz.: 64.563

160.

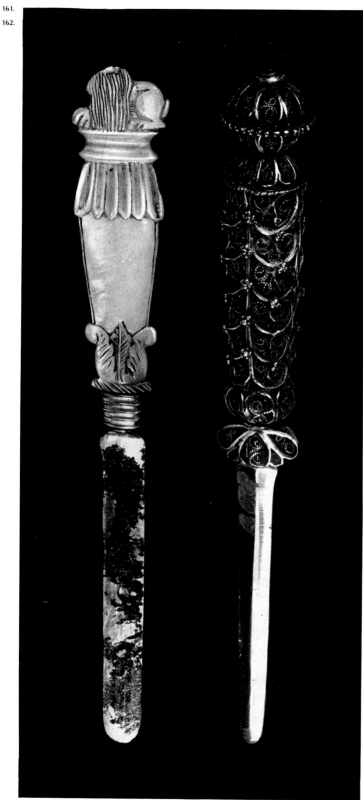

161. Móhél-kés
Ezüst. Faragott és vésett állóleveles díszű gyöngyháznyél, végén ülő oroszlánfigurával.
J. n.
Magyar?
XIX. század eleje
H.: 19 cm
Ltsz.: 64.700

162. Móhél-kés
Ezüst. Filigrános, palmettás díszű nyél, végén gömbbel.
J. n.
Magyar?
XIX. század első fele
H.: 20 cm
Ltsz.: 64.693

163. Szombati lámpa

Réz, öntött. Hatágú, csillag alakú vályú, amely a lecsepegő olaj felfogására szolgál. Többször osztott szárú.
J. n.
XIX. század
M.: 29 cm
Ltsz.: 64.220

164. Szelence

Gyöngyház borítású, lesarkított téglatest idomú. Tetején körülvésett indadíszben héber felirat. Egyik oldalán Ráchel sírja, másik oldalán Jeruzsálem, a szentély és a siratófal. Két oldalán héber felirat: „Jerusalem, siratófal". „Szeretettel emlékül…"
J.n.
Közép-Európa
XIX. század eleje
H.: 7,5 cm
Sz.: 5 cm
Ltsz. 64.572

163.

164.

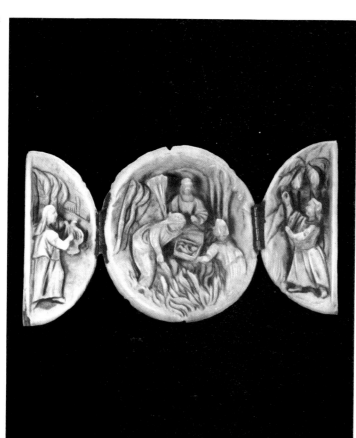

165.

165. Golyó
Nyitható, csont. Belsejében faragott jelenet: „Mózes megtalálása".
J. n.
Német?
XVIII. század
Á.: 5,5 cm
Ltsz. 64.606

166. Templomi helyjegy
Schwarcz Leopold számára. Papír. Tükrét acélmetszetes bibliai jelenetek keretezik. Középen német nyelvű nyomtatott szöveg. Az 1845–46. évre érvényes. „No. 52 L" helyjegyszám.
Pest
1845
H.: 14 cm
Sz.: 9 cm
Ltsz.: 64.823

166.

TEXTÍLIÁK

A zsidó vallási kultuszban fontos szerep jut a látványosan díszített szöveteknek, ami magas esztétikai színvonalú, sajátos textilművészetet eredményezett. Az Ószövetségben többször, nyomatékkal szerepelnek a szőnyegek, kárpitok, Isten hajléka nem képzelhető el nélkülük: „És csinálának mind a bölcs értelműek a hajlék művének bevégzésére tíz kárpitot sodrott bíborból és kék, vörös és kétszer festett karmazsin-selyemből hímzett művei és különféle színű szövetei" (Mózes II. 36:8.). A kárpitokhoz hasonló függönyök is készültek: „Csinála különféle színű függönyt is, kék vörös és karmazsin-selyemből és sodrott bíborból tarkán hímzett munkával (Mózes II. 36:35.).

A dús, egész felületet beborító „tarka hímzés" a későbbiek folyamán is jellemzője marad a textíliáknak. A díszítések kettős célt szolgálnak – egyrészt a bibliai történésekre és előírásokra utaló szimbólumokkal jelzik rituális feladatukat, másrészt a szabad felületeket dekorálják a korstílust követő ornamentikával. A leglátványosabb tárgyak a tórakultuszt szolgálják, mint a tóraszekrény-takaró, a templomi takaró és tóraköpeny. Ezek feladatukból következően méretükben eltérőek, de kivitelükben hasonlók – selyem- vagy bársonyalapon lapos- vagy domborúhímzéssel, álékkövekkel, rátétekkel.

A zsinagóga belső terének domináló dísze a tóraszekrény-takaró. Feladata – mint a nevéből is kiderül – az, hogy a tórákat tartalmazó szekrényt, azaz a legszentebb tárgyakat az avatatlan szemek elől elrejtse. Szerepel az Ószövetségben is, a Mózes által épített sátorban: „És midőn a szekrényt bevitte a hajlékba, eléje függeszté a szőnyeget, hogy beteljesítse az Úr parancsát" (Mózes II. 40:19.). Az ókori zsinagógákban az apszis előtt, a szefárdoknál a szekrény belsejében, az askenáziknál a szekrény elé helyezték el.

Általában a tehetősebb hívők ajándékozták őket a zsinagógáknak, rendszerint szeretteik emlékére. Anyaguk előzőleg gyakran valamilyen más célt szolgált – az ajándékozó menyasszonyi vagy más díszöltözéke volt, esetleg lakberendezést szolgáló drapéria. Téglalap alakúak, méretük a tóraszekrény nagyságától függ. Felső szélüknél akasztják fel őket, a rögzítést gyakran egy karéjos szélű, keskeny drapéria takarja el. A világ különböző gyűjteményeiben őrzött tóraszekrény-takarók közül a legrégebbiek XIV–XV. századiak, de nagyobb számban a XVII. századtól kezdve maradtak meg.[1]

A XVII. században, illetve a XVIII. század elején bársonyalapon laposhímzéssel díszítették a tóraszekrény-takarókat. Kétoldalt gyakori a Salamon templomát jelképező két oszlop, szőlőággal átfonva. Középen a tórakorona, amelyet két ágaskodó oroszlán – Júda jelképe – fog. A XVIII. században az ornamentika elburjánzása és a vallási jelképek háttérbe szorulása a jellemző: a bársony- vagy selyem- – gyakran lampasz-[2] (ismertebb, de szakszerűtlenebb nevén brokát- – alapon dús domborúhímzés ragyog. A XIX. századi daraboknál egy elütő színű keret veszi körül a stilizált vallási jelképeket, a vékonyka oszlopokat, az oroszlánokat, a sátrat jelképező drapériát a Tízparancsolatot szimbolizáló kőtáblákkal, illetve más jelképeket tartalmazó tükröt. A drapéria a XVII–XVIII. században szintén szimbólumokkal díszített: a jeruzsálemi szentély oltárát, a főpapi vértet, a hétágú gyertyatartót stb. ábrázolja. Később inkább sima, csupán bojtokkal dekorált, de arra is van a XIX. században példa, hogy maga a drapéria elmarad, csak a bojtokkal utánozzák íveit.

A Tóra gyakran jelenik meg az irodalomban előkelő hölgyként, királynőként, s az ő díszítésére szolgál a tóraköpeny. Kivitele, ornamentuma a tóraszekrény-takaróhoz közeli, gyakori a két szőlőággal bevont oszlop, a Tízparancsolat kettős kőtáblája, Juda oroszlánjai és természetesen a korona.

Az asztalt, amelyre felolvasás közben a tóratekercset helyezik, szintén hasonlóan dekorált takaróval borítják. A gyűjteményben csak egy ilyet találhatunk, de pontos használata annak is kétséges, még az sem kizárt, hogy egy tóraszekrény-takaró részlete.

Mindhárom típusú textíliát az ornamentika mellett kalligrafikus feliratok díszítik, amelyek bibliai idézeteket, vagy az adományozók, illetve azok adatait tartalmazzák, akiknek emlékére az ajándékozás történt (az előbbieket lefordítottuk, az utóbbiakat az ismétlődő és kevés adatot tartalmazó formulák miatt elhagytuk, mivel a legfontosabbat, az adományozás időpontját amúgy is megadjuk; az adományozó nevét abban az esetben közöljük, ha az valamilyen szempontból jelentős személyiség volt).

Gazdag lehetőséget nyújt a textíliák alkalmazására az ünnepek közül a széderest, mivel az asztalt, a tálakat különböző takarók borítják. A gyűjteményben is több szédertáltakaró van. Rajtuk legtöbbször egy széderesti ima kezdete látható. Formájában nagyon érdekes egy 1880 körüli takaró, amelynél az egymás alatt elhelyezett zsebek segítik a rituális étkezés menetét (187. sz.).

A Mizrah- (Kelet-) táblák a hívő családok lakásában foglalnak el jelentős helyet. Bizonyos imákat ugyanis Jeruzsálem felé fordulva kell elmondani, s ezért kell megjelölni a ház keleti falát.

Egy darab kiválasztásánál nem a művészeti szempontok voltak az irányadók, ezek miatt mellőzni kellett volna azt a festett vörös zászlót, amely az 1905-ös orosz forradalom jiddis nyelvű dokumentuma, s mint ilyen, valódi történeti ritkaság (188. sz.). Érdekességképpen került be a válogatásba egy főkötő is, amelyet az örömanya viselt egy esküvőn (190. sz.). Első látásra közel-keletinek, még inkább délvidékinek tűnik. A hasonló nyitrai analógiákat ismerve mégis felvidéki, népviseleti darabnak tekinthetjük, amelyet valószínűleg éppen keleties jellege miatt kedveltek, annak ellenére, hogy nem kötődött a zsidó hagyományokhoz.

A gyűjteményben levő textíliáknál általában kétféle tendenciát figyelhetünk meg. Egyik csoport kifejezetten vallási célokra készült, még abban az esetben is, ha anyaga egykor más feladatot teljesített. A tárgyak egy kisebb csoportjánál a vallási jelleg háttérbe szorul, az eredetileg más feladatú tárgy megtartja formáját (pl. a balkáni-török szédertáltakaró [185. sz.]).

Mindkét esetben rendkívül nehéz a datálás, még akkor is, ha van a szövegben dátum, mert az gyakran nem azonos a tárgy keletkezésének időpontjával. A XIX. századi darabok sokszor XVIII. századi selyemből készültek (168., 172., 175., 177., 180. sz.). Egy-egy korábbi stílus hímzőművészetének motívumai is konzerválódhatnak. Jellegzetes példa erre egy 1818-as tóraszekrény-takaró, amelynek stílusa nem későbbi a XVIII. század utolsó harmadánál, sőt egyes arabeszkes motívumai a XVII. századi spanyol művészetet idézik. (173. sz.). Ugyanakkor valószínű, hogy maga a darab korábbi a feliratban szereplő dátumnál, mivel a szövegrészt utólag toldották be, sőt az a tény, hogy a már hímzett textíliát szabták át és állították össze, bizonyossá teszi, hogy eredetileg egészen más feladata volt.

A korstílus hatása különösen érdekesen jelentkezik hazánkban, ahol a XVI–XVII. század folyamán igen magas szintű hímzéskultúra alakult ki a nyugati – elsősorban olasz reneszánsz – és a keleti, török művészet összegzéseként. Ezt a szép selyemre vagy finom fehér lenvászonra színes selyem- és fémfonallal készült típust úrihímzésnek hívjuk, megkülönböztetésül a hozzá sok tekintetben kapcsolódó, egyszerűbb, főleg házilag előállított anyagokból készült XVIII–XIX. századi népi hímzéstől.

E sajátosan magyar, pontosabban a történelmi Magyarországon megtalálható hímzéstípus hatását két darabnál fedezhetjük fel. Az egyik a felirata szerint 1742-ből származó tóraszekrény-takaró és drapéria (167. sz.). Ez datálási szempontból egyébként is nagyon érdekes darab, mert a drapéria elütő anyagból és hímzéssel készült, s nem lehet későbbi a XVII. század végénél, amit az analógiák is bizonyítanak. Maga a függöny azonban már nem követi az analógiákat, mivel az úrihímzés jellegzetes motívumait, indasorba rendezett gránátalmákat, tulipánokat, virágtereket stb. használja fel. Bár egyes részletei és a keret kompozíciója XVII. századi, a tükröt teljesen beborító ornamentika és a kecsesebb, vékonyabb vonalvezetés elfogadhatóvá teszi a XVIII. századi származást. Legalább ennyi fejtörést okoz a kutatónak (és tévedési lehetőséget is!) egy szédertáltakaró, amely egyértelműen besorolható mind anyagát, mind motívumait tekintve az úrihímzés körébe, s mint ilyen, különleges helyet foglal el, hiszen a gránátalmás, tulipános indák a széderest jelképeit keretelik (184. sz.). Ugyanakkor jól példázza az ízléskésést is, mert az anyag és a motívumok a XVII. századra, de a színek és a zsúfoltabb kompozíció inkább a XVIII. századra jellemző.

Technikai színvonal szerint két csoportba sorolhatók a gyűjtemény darabjai. Nagyobbik részük magas fokú mesterségbeli tudást árul el, ezek hivatásos mesterek munkái. Néhány darabnál ismerjük a készítőt is (169. sz.: Grünwald Kálmán; 176. sz.: Grünwaldt Károly). Utóbbi tervezője azonos a Dohány utcai zsinagóga építésével, Ludwig Försterrel. Ezeket a függönyöket az építészeti elemekkel együtt, velük egységben tervezték, ami szintén a textília jelentőségére utal.

A tárgyak egy kisebb, igen bájos csoportja nyilvánvalóan asszonyi kézimunka, ezek kivitele, díszítése hasonló a háztartásokban használt textíliákéhoz, magukon viselve a korízlés jegyeit.

JEGYZETEK

1. *R. Krüger:* Die Kunst der Synagoge. Leipzig, 1968. 52–53.
2. A CIETA (Centre International d'Études des Textiles Anciens), a nemzetközi textiltörténettel foglalkozó szervezet nem javasolja a brokát elnevezés használatát, mert nem utal a technikára, helyette a lampasz elnevezést ajánlja. Vö. *László Emőke:* Művészi szövetneműek című tanulmánya. In: *Voit Pál* (szerk.): Régiségek könyve. Bp. 1983. 295.

VÁLOGATOTT IRODALOM

Cohn-Wiener, E.: Die jüdische Kunst, ihre Geschichte von Anfängen bis zur Gegenwart. Berlin, 1929.

Krüger, R.: Die Kunst der Synagoge. Eine Einführung in die Probleme von Kunst und Kult des Judentums. Leipzig, 1968.

Landsberger, F.: A History of Jewish Art. Cincinnati, 1946.

„Monumenta Judaica", 2000 Jahre Geschichte und Kultur am Rhein, Ausstellungskatalog. Köln, 1963–64.

„Monumenta Judaica", Kölnisches Stadtmuseum, bearbeitet von *L. Franzheim.* Köln, 1980.

Roth, R.: Jewish Art, an Illustrated History. Tel Aviv, 1961.

Roth, R.: Die Kunst der Juden. Frankfurt am Main, 1963.

Volavková, H.: The Jewish Museum of Prague. Prague, 1948.

Volavková, H.: The Synagogue Treasures of Bohemia and Moravia. Prague, 1949.

167. Tóraszekrény-takaró (pörachet) és drapéria (káppóret)

A drapéria vörös bársony, ezüstfonalas, geometrikusan leöltögetett laposhímzéssel, a takaró mustársárga és vörös bársony, zöld selyem- és ezüstfonalas, geometrikusan leöltögetett lapos- és rátétes hímzéssel. A takaró felső szélén rojtdísz.

A drapéria szabálytalan ötszöghöz hasonló, négy oldalán ívelt mezőből áll. A mező két végén egy-egy zárt korona, majd egy-egy reneszánsz váza, szegfűs és gránátalmás virágtővel. Középen két egymás felé forduló, kiterjesztett szárnyú sas, felettük zárt korona. A mező ötödik, egyenes oldalához alul hétkaréjos szélű pajzs kapcsolódik. Rajtuk indás virágtöves keretelések között a jeruzsálemi szentély oltárának jelvényei és azok héber megnevezése. Az elsőn és a hetediken a főpapi vért, a másodikon a hétágú gyertyatartó, a harmadikon a lángoló oltár, a középsőn a Tízparancsolat kettős kőtáblája, a parancsolat kezdő szavait tartalmazó öt-öt sor héber felirattal, az ötödiken a réz mosdóedény, a hatodikon az asztal a 12 kenyérrel.

A drapéria két keskenyebb oldalához egy-egy körbevágott kerubszárny csatlakozik. A takaró téglalap alakú, magyar, ún. úrihímzéses motívumokkal dúsan hímzett. Két hosszanti oldalán csigás ívekkel díszített, ívelt oldalú, rozettás közepű talapzaton egy-egy csavart oszlop, szőlőfürt- és levélfüzérrel. Felettük gerezdes testű, ívelt fogójú reneszánsz váza, tulipános, rozettás virágtővel. A keret alsó, középső részén virágtőből induló két sor csigás inda, gránátalmákkal és tulipánokkal. Tükrét beborítják a virágtőből induló csigás indák. A keret felső mezőjében, csigás hullámindájú nefelejcses keretelésben, sarkainál elkerekített vörös bársony betét, az adományozó adatait tartalmazó négy sor héber felirattal. Közepén hármas szívforma és zárt korona rátét. A takaró anyaga négy részből van összeállítva.

Magyar

1742 (a betoldott felirat szerint), a drapéria XVII. század végi

Az óbudai zsinagógából

M.: 230 cm

Sz.: 148 cm

Ltsz.: 64.1552

Analógia a drapériához: *R. Roth:* Jewish Art. 327.: Prága, 1764 (jelenleg a New York-i Jewish Museumban). Hasonló kétkaréjos megoldás.

A függönyhöz: „Monumenta Judaica", Kölnisches Stadtmuseum. 52. No. 10.: ötpajzsos megoldás. 36. No. 10.: tórafüggöny a XVIII. század elejéről, hasonló csavart oszloppal, rajtuk reneszánsz váza virággal; *R. Krüger:* Die Kunst der Synagoge. 34. kép: tóraköpeny 1697-ből (Prága, Zsidó Múzeum, No. 12.669.). Hasonló szőlőindás csavart oszlop.

Kiállítás: A régi Buda és Pest iparművészetének kiállítása. No. 275.

168. Tóraszekrény-takaró és drapéria *(IX. tábla)*

A drapéria barna selyemdamaszt, rózsaszín, világoskék, zöld, drapp, sárga selyemfonallal brossírozva (a mintát egy külön ládából vezetett lebegő vetülék képezi, amely nem fut széltől szélig, csak a minta területén), zsenília szegéllyel és bojtozással. A takaró arany paszományrátétekkel díszített keretének anyaga azonos a drapériával, tükre vízzöld selyematlasz, beleszőtt törtfehér bársonycsíkokkal, zsinórral szegett ezüstlamé-, illetve kékfehér brossírozott selyemrátétekkel, szövött aranyszalag szegéllyel. A drapéria fent egyenes, alul ívekkel képzett, az ívek csúcsán bojtokkal. Saját színében kártyamintás (szív, kőr, káró, treff) alapon párhuzamos sávokba rendezett rózsa, és nefelejcscsokros mintázatú. A takaró téglalap alakú, a keret két oldalán rátett héber felirat az adományozó adataival. A tükör csipke hatású, hálós, virágos, karéjos szélű függőleges sávokkal szövött. Középen zegzugmintázatú anyagból a Tóra koronáját jelentő két héber betű, fent középen ívelt pártázatú, pontdíszes zárt korona. A takaró anyagát két szélből állították össze.

1850 körül. A középrész 1780 körüli

M.: 176 cm

Sz.: 150 cm

Ltsz.: 64.1427

alakú, szélei karéjosak. Majdnem az egész felületet kitölti a késő barokk, rokokó minta. Sarkaiban ívelt, szalagcsokros lótuszvirág, középen négy, bőségszarukból összeállított margarétás, palmettás csokor indul átlósan a közép felé. Négy oldalán homorúan ívelt, sakktáblaszerűen kitöltött talapzaton bőségszarukból kialakított virágkosár váltakozik ívelt, virágos talapzatú, liliomos, palmettás virágbokorral és tulipános, szalagcsokros mintával. Alul, a középső szalagcsokor felett virágkosár, felfelé törekvő virágbokorral. Középen indákkal és szalagcsokorral keretezett, hálósan kitöltött kartus, rozettával. A középmező szabadon hagyott négy sarkában többsoros héber felirat az adományozó adataival. Fent két ágaskodó oroszlán között kis váza dáliával, felettük zárt korona, a Tóra koronáját jelentő két héber betűvel. Három szélből készült.

1772 (a felirat szerint)
Az óbudai zsinagógából
M.: 242 cm
Sz.: 164 cm
Ltsz.: 64.1475
Kiállítás: A régi Buda és Pest iparművészetének kiállítása. No. 277.

169. Tóraszekrény-takaró és drapéria

A drapéria és a takaró kerete sötétkék bársony, a tükör vörös bársony, fémfonalas, feszített domború- és geometrikusan mintázott rátétes hímzéssel, piros és zöld álékövekkel díszítve, szövött aranyszalag szegéllyel. A drapéria téglalap alakú, két hosszanti oldalán folyamatos sávval díszítve. Az alsó sávban gránátalmás, hatágú csillagos hullámívek, a felsőben indák. A mező két keskenyebb végén körberendezett hatágú csillagok, mellettük füles váza, fáklyával, félköríves héber felirattal. Középen a lángoló Szinájhegy, felette két ágaskodó szarvas a Tízparancsolat kettős kőtáblájával, ötöt sor héber felirattal, a parancsolatok rövidítésével. Fent íves, zárt korona. A takaró téglalap alakú, rokokó ízlésű hullámindás-leveles kerettel. A tükör körül íves, kagylós keretelés, az oldalak közepén hálósan kitöltött tulipánszerű motívummal. Alul középen egy sor héber idézet: „Készíts fedelet tiszta aranyból" (Mózes II. 25:17.). A tükör

keskeny vonallal szegett két oldalán rozettás közepű négyszög alapzaton leveles ággal átlósan átfont jön oszlop, rajtuk ágaskodó, koronás oroszlánok tartják a zárt koronát. A koronából három bojtos zsinór indul, közöttük tulipán és a Tóra koronáját jelentő két héber betű. Lent az oszlopok között az adományozó adatait tartalmazó három egyenes és két ívelt sor héber felirat, két, Dávid-csillagot tartó, áldást osztó kéz, két ívelt leveles ággal, felettük egy-egy sor héber írás. A drapéria két részből, a függöny négy részből készült.

Készítette: Grünwald Kálmán
1852 (a felirat szerint)
M.: 300 cm
Sz.: 185 cm
Ltsz.: 64.1532

170. Tóraszekrény-takaró

Zöld selyembársony, zöld selyem- és fémfonalas, feszített domboruhímzéssel, flitterekkel, csörgőkkel, piros és zöld álékövekkel díszítve. Téglalap

171. Tóraszekrény-takaró
(X. tábla)

Vörös bársony alapra applikált, dohánybarna bársony, zöld és drapp tűfestéses, fémfonalas, feszített domború és zöld zsenília laposhímzéssel, zöld bársony rátéttel, flitterdíszítéssel. Trapéz alakú, barokkos rokokó mintákkal sűrűn hímzett. Három oldalán háromrészes bordúr – két keskeny levélsor között virágos hulláminda, két felső csúcsában gránátalmával – , középen lefelé fordított, ívelt levelekből kialakított félkorona. A tükör alsó két sarkában palmettacsokor, középen két ívelt akantuszlevél. Felettük kétágú balusztrádos erkély, alul zsenilia szegéllyel, két végén és középen gerezdes testű vázával, utóbbiban rózsa-

csokor. A tükör két másik oldalán virágos hulláminda. Középen bojtos végű drapéria előtt, tölgyfalevélsorral keretelve a Tízparancsolat kettős kőtáblája, öt-öt sor, a kezdő szavakat tartalmazó héber felirattal. A drapéria két felső csúcsán egy-egy rózsa, felette zárt korona, felső része ívelt szirmokból képezve, alul bojtokkal díszítve. Az adományozó adatait tartalmazó két sor héber felirat a takaró alatt, külön a bársonyra applikálva.

XVIII. század közepe, az applikálás újabb

Dr. Salgó László ajándéka

M.: 66 cm
Sz.: 65 cm
Ltsz.: 82.1

172. Tóraszekrény-takaró

Kerete ezüstlampasz, kék, piros, zöld, sárga selyem- és ezüstfonalas brossírozással és lanszírozással (a mintát egy olyan külön lebegő vetülék képezi, ami a szövet egyik szélétől a másikig fut). Tükre dohánybarna bársony, fémfonalas, geometrikusan leöltögetett és rátétes domborúhímzéssel, piros és sárga lamella, zöld zsenília, flitter- és fémrátéttel. Szövött aranyszalaggal szegve. Téglalap alakú, a keretet egyenletesen elborítja a szalagcsokorszerű levél-, rózsa- és nefelejcscsokros minta. Rozettás közepű négyszögű talapzaton egy-egy jón oszlop, rajtuk ágaskodó oroszlán tartja a zárt koronát. Alul a két oszlop között, ívelt babérleveles ágak között négy sor hé-

172.

ber felirat az adományozó adataival, középen három csomóba összefogott, sátorszerű rojtos drapéria előtt a Tízparancsolat kettős kőtáblája, öt-öt sor, a kezdő szavakat tartalmazó héber felirattal.

1815 (a felirat szerint), a keret szövete XVIII. század végi

M.: 166 cm

Sz.: 174 cm

Ltsz.: 64.1554

173. Tóraszekrény-takaró

Kerete vörös bársony, aranyfonalas feszített domború- és rátétes zsinórhímzéssel. Tükre zöld bársony, sárga selyemfonalas laposhímzéssel. Téglalap alakú, szélei karéjosak. Az öt részre osztott keretet beborítja a három sávba rendezett barokkos minta. A széleken a karéjokat egy keskeny, tulipános, rozettás, rózsabimbós bordúr követi. A karéjok közepén tulipántó és tulipánból induló, kétfelé ágazó fogazott levél váltakozik, hozzájuk arabeszkekkel keretelt tulipán, nefelejcs és rozettás sor kapcsolódik. A másik végén babérleveles, tulipános bordúr. A tükör alsó harmadában, lépcsőzetesen emelkedő, betoldott részben négy sor, az adományozó adatait tartalmazó héber felirat. A keret hét részből áll, kétoldalt az összeállítás mentén a minta megtörik, alul pedig nincs befejezve.

1818 (a betoldott felirat szerint), a hímzés feltehetően XVIII. századi

M.: 206 cm

Sz.: 133 cm

Ltsz.: 64.1459

174. Tóraszekrény-takaró
(XI. tábla)

Kerete selyemripsz, világoskék, fehér selyem- és ezüstbrossírozással, szélén fémfonalas, feszített domború és rátétes hímzéssel, flitterrel és zöld, sárga lamellákkal díszítve. Téglalap alakú, csíkos háromszögek között, margarétákkal keretelt rombuszmezőkben virágbokrok. A tükör alján két sor héber felirat az adományozó adataival, felette flitteres csík, két végén egy-egy hullámíves mintázatú dór oszlop, rajtuk ágaskodó koronás oroszlánok. Alul az oszlopok között két, egymásnak szembeforduló szarvas, közöttük leanderbokor. Középen három csomóba összefogott, sátorszerű drapéria előtt a Tízparancsolat kettős kőtáblája, öt-öt sor, a kezdő szavakat tartalmazó héber felirattal. Felette zárt szalagcsok-

ros korona. A keret négy szélből készült.

1826 (a felirat szerint)

M.: 236 cm

Sz.: 164 cm

Ltsz.: 64.1463

175. Tóraszekrény-takaró
(XII. tábla)

Barna bársony keret, aranyozott ezüst és ezüst fémrátétekkel, arany szövött rojtszegéllyel, csörgőkkel. A tükör ezüstbrokát, zöld, drapp, rózsaszín, kék, sárga és ezüstszállal lanszírozott, illetve brossírozott selyem, szövött aranyszalag szegéllyel. Téglalap alakú, a keret két szélső oldalán öt-öt sor, alul-felül négy-négy sor héber felirat az adományozó adataival. A felső sáv

két végén reneszánsz gerezdes testű füles váza tulipános, margarétás és liliomos virággal. A tükör aszimmetrikus hullámsávjaiban fogazott levelek, rózsa-, peónia-, liliom- és margarétacsokrok. A keret négy darabból, a tükör hat darabból összeállítva.

Lengyel

1830 (a felirat szerint), a tükör brokátja XVIII. századi

M.: 230 cm

Sz.: 138 cm

Ltsz.: 64.1551

Irodalom: IMIT 1915. évi katalógusa. No. 32.

176. Tóraszekrény-takaró

Sárgásfehér bársony, feszített dombo-
rú- és rátétes aranyhímzéssel, piros és
zöld álékkövekkel, flitter- és gyöngy-
dísszel. Téglalap alakú, négy oldalán a
keretelés háromsávos, legszélén sima
vonal, majd két vonal között egymást
keresztező kettős hullámminda, palmet-
taközéppel. A tükör belső részén tuli-
pános ívsor, rozettákkal. A bordűrök
a sarkokban egymásba fonódó csigás
indadíszítménnyé   terebélyesednek,
mely átlósan közép felé nyúlik. Az
indák között helykitöltő kacsok, ró-
zsák és szőlőlevelek. A tükörben szét-
szórtan hatágú csillagok. Középen kör
alakú, két egymást keresztező hullám-

inda, szőlőlevelekkel és rozettákkal.
Két félköríves és három egyenes sor az
adományozók adatait tartalmazó hé-
ber szöveget kereteli. Fent nyitott ko-
rona, hatágú csillag és a Tóra koroná-
ját jelentő két héber betű. Négy szél-
ből összeállítva.
Pest, Ludwig Förster tervei alapján
Grünwaldt Károly műhímző cége ké-
szítette
1859 (a felirat szerint)
Engländer Mór ajándéka a Dohány
utcai templom számára
M.: 335 cm
Sz.: 205 cm
Ltsz.: 64.1544

177. Tóraszekrény-takaró

Kerete vajszínű ripsz, saját színéből
beleszőtt atlaszpettyekkel, rózsaszín,
zöld és ezüstfonalas brossírozással,
rojtos zsinórszegéllyel, bojtokkal és
csörgőkkel. A tükör sárgásbarna bár-
sony, arany szövött szalagkereteléssel
és rátétekkel, lapos és láncöltéses
hímzéssel. Téglalap alakú, a keret le-
veles ágakkal megszakított párhuza-
mos zegzugmintás rózsa- és nefelejcs-
tövekkel. Felső része drapériaszerűen
kiképezve, rojttal szegve. A tükör fe-
lett is egy rojtos bojt- és csörgősor.
A tükrön alul középen mosdótál kan-
csóval, felette az adományozó adatait
tartalmazó három sor héber felirat. Két-
oldalt zegzugmintás, paszományráté-
tes oszlopok, ágaskodó oroszlánokkal.
Közöttük a Tízparancsolat kettős kő-
táblája a kezdő szavakat tartalmazó
héber felirattal. A kőtáblák felett, ívelt
csíkban héber betűk, jón csigára em-
lékeztető formával, amely valószínű-
leg zárt koronát stilizál, a Tóra koroná-
ját jelentő héber betűkkel. A csiga
közepéről egy-egy lótuszos, leveles ág
nő ki. A keret kilenc részből összeállít-
va, a varrások mentén a minta meg-
törik.
1843 (a felirat szerint), a keret szövete
1770 körüli, valószínűleg francia
M.: 162 cm
Sz.: 125 cm
Ltsz.: 64.1528

176.

178. Tóraszekrény-takaró
(XIII. tábla)

Dohánybarna bársony keret, drapp pamut szövött szegéllyel. Tükre rojttal szegett és díszített, vajszínű saját színében geometrikus mintázattal szövött selyemdamaszt, világoskék, zöld, hússzínű, drapp és ezüstfonalas brossirozással. A belső tükör barna bársony, feszített domború aranyhímzéssel. Téglalap alakú, a tükör hullámsávos elrendezésű, virágcsokor mintázatú. Felső része drapériaszerűen kiképezve, egy sor hullámíves, majd egy sor egyenes rojtozással. Két szélén egy-egy romboszos közepű, téglalap talapzatú jón oszlop, rajtuk ágaskodó oroszlán tartja a zárt koronát a hatágú csillaggal és a Tóra koronáját jelentő két héber betűvel. Alul az oszlopok között négy sor héber felirat az adományozók adataival, középen két csomóba fogott drapéria előtt a Tízparancsolat kettős kőtáblája a kezdő szavakat jelentő öt-öt sor héber felirattal. A bársonykeret és a külső tükör hat részből összeállítva.

179.

168

1897 (a felirat szerint), a keret szövete
1760–80 körüli
M.: 335 cm
Sz.: 206 cm
Ltsz.: 64.1527 cm

179. Tóraszekrény-takaró
Sárga bársony, zöld, drapp selyem- és
fémfonalas, feszített, valamint rátétes
domborúhímzéssel, flitter- és lamella-
dísszel. Téglalap alakú, szélén egymást
keresztező, rozettás közepű arabesz-
kes bordűr. A tükörben ovális alakú,
alul szalaggal összefogott babérkoszo-
rú övezi az adományozó adatait tar-
talmazó hét sor héber feliratot. Fent
zárt korona, liliomos ívekkel. A koro-
nából két szalagszerű díszítmény in-
dul. Két oldalán a Tóra koronáját je-
lentő héber betűk.
1808 (a felirat szerint)
Nagykanizsáról
M.: 120 cm
Sz.: 86 cm
Ltsz.: 64.1549

180. Tóraköpeny
Két részből áll, felső része barna bár-
sony, geometrikusan leöltögetett és
rátétes domború fémfonalas hímzés-
sel, piros és zöld álékkövekkel. Alsó
része zöld, barna, drapp, piros, kék
selyemmel brossírozott vajszínű ripsz-
selyem, szövött aranyszalag szegély-
lyel. Bélése drapp pamutvászon. Tég-
lalap alakú, kétoldalas, mindkettő ki-
vitele azonos. Felső részén az adomá-
nyozó adatait tartalmazó hat sor hé-
ber felirat, alul egy-egy rózsabimbó-
val. Fent középen zárt korona. Alsó
részén két szimmetrikus hullámvona-
lú szalagcsokros ág, rózsa-, nefelejcs-,
búzakalász-, szőlőfürt- és levélminták-
kal.
Nyitra (a hagyomány szerint)
1845 (a felirat szerint), a tükör 1750
körüli, valószínűleg osztrák
A pesti Orczy-házi templomból
M.: 82 cm
Sz.: 45 cm
Ltsz.: 64.1543

180.

181. Tóraköpeny

Zöld bársony, feszített és geometrikusan leöltögetett domború aranyhímzéssel. Drapp vászonnal bélelt. Téglalap alakú, kétoldalas, de csak az egyik oldalán látható a hímzés, a másikon teljesen lekopott. Szélén hullámíves, szőlőleveles keretelés, a sarokban palmettaszerűen kiképezve. Két ívelt és három egyenes sor héber felirat az adományozók nevével és a készítés idejével. Kétoldalt három-három hatágú csillag. Középen napkorongot stilizáló sugarak között a Tízparancsolat

181.

kettős kőtáblája, a kezdő szavakat tartalmazó héber felirattal. A sugarak felett a Tóra koronáját jelentő két héber betű, a zárt koronával.
1858 (a felirat szerint)
Pestről
M.: 78 cm
Sz.: 45 cm
Ltsz.: 64.1447

182. Tóraköpeny

Dohánybarna bársony, zöld bársonyrátétekkel, zöld selyem- és aranyfonalas feszített domborúhímzéssel, flitter-és bouillon-díszítéssel. Drapp vászonnal bélelt. Téglalap alakú, kétoldalas. Egyik oldalán ovális babérleveles keretelésben hét sor héber felirat az adományozó adataival. Felette háromágú, nyitott, palmettás ívű korona, oldalán a Tóra koronáját jelentő két héber betűvel. Másik oldalon szőlőfürtös és leveles, kacsos hullámindakeretelés. Alul hat sor héber felirat az adományozás alkalmáról: „Az új imaház felavatásának emlékére a pesti szent gyülekezetben 1859-ben. Fogadalmam szerint cselekedtem". Kétoldalt egy-egy rozettás közepű talapzaton álló jón oszlop, rajtuk ágaskodó oroszlán. Az oszlopok között napkorongot stilizáló sugarak, rozettás középrésszel, felette egy sor héber felirat, hatágú csillag és ötágú nyitott korona, két oldalán héber felirattal.
A Dohány utcai templom számára készült, felavatásának emlékére
1859 (a felirat szerint)
M.: 81 cm
Sz.: 47 cm
Ltsz.: 64.1538

almás, palmettás, tulipános, rózsabimbós hullámida kereteli. A jobb oldali ábrázolás felett egy sor héber felirat: „Ez az értékes darab Jóél Sámuelnek és feleségének, Jáchetnek – Isten éltesse –, Ábrahám-emléke áldottleányának szerzeménye". Széderesti gyertyatartós díszes asztalt ábrázol, álló nőalakkal és serleget tartó, karosszékben ülő férfialakkal. Körülöttük és felettük különböző jelképek – kés, villa, lámpások, máccá és térkitöltő rozetták. A bal oldali téglalap mind a négy oldalát a peszáchi Haggádából vett héber idézet keretezi, belül lámpások, fedeles kupák, virág vázában, virágzó fa, máccá, kés, villa és térkitöltő rozetta.
Észak-Magyarország (?), a csipke felvidéki
XVIII. század eleje
A két darabot a XX. század elején egyesítették és gépelték össze
M.: 58 cm
Sz.: 87 cm
Ltsz.: 64. 1233
Analógia a csipkére: V. Ember Mária: Úrihímzés. Bp., 1981. No. 130. 62. kép

185. Szédertáltakaró
(XIV/b. tábla)
Fehér, ritka szövésű pamutvászon, ún. száda, zöld, drapp selyem- és aranyfonalas szár- és laposöltésű hímzéssel, rézlemez díszítéssel. Téglalap alakú, alja rojtozott, szélén keskeny mértani bordűr, csúcsos pártázattal, felette egy oldalra hajló ág, fogazott levelekkel, bogyókkal, kis fürtös virágokkal, középen csíkos tobozzal.
Török vagy balkáni sálöv két végéből összeállítva
XVII. század második fele
M.: 52 cm
Sz.: 97,5 cm
Ltsz.: 64.1231

183. Tóraköpeny
Zöld selyembársony, zöld, mustár, piros és kék selyemfonalas szár- és hasított laposöltéses hímzéssel, piros és zöld álékkövekkel díszítve. Téglalap alakú, alsó két sarkában egy-egy naturalisztikus rózsa- és nefelejcscsokor, felette három sor héber szöveg az adományozó adataival. Ívelt ág felett két szárnyas szörnyalak tartja a Tízparancsolat kettős kőtábláját, a parancsolatok rövidítését jelentő héber betűkkel. Középen ívelt héber szöveg felett, hullámos szalagon zárt korona.
1870–80 körül

M.: 90 cm
Sz.: 55 cm
Ltsz.: 64.1553

184. Szédertáltakaró
(XIV/a. tábla)
Lenvászon, piros, kék, drapp selyemfonalas szár- és laposöltéses hímzéssel, lenfonalból vert csipkeszegéllyel. Téglalap alakú, két részből összeállítva, középen öt sor gépi szegőzés. Fent keskeny azsúrsor. Alsó szélén az áttört, hurkos alapú csipkeszegélyen tulipánok váltakoznak. Két téglalap alakú hímzett tükrét úrihímzéses, gránát-

186. Szédertáltakaró

Nyersszínű kongré, mustársárga, téglavörös, bordó, drapp, kék gyapjúfonalas, félkeresztöltéses hímzéssel, laposöltéses kereteléssel. Téglalap alakú, szélén csíkos bordűrben héber felirat, idézetek a Haggádából. Tükre dőlt árkádos ívekkel keretelt, alul kis térkitöltő háromszögekkel. Két szemben lévő sarkában egy-egy naturalisztikus ülő madárka, a másik két sarokban egy-

egy kiterjesztett szárnyú pillangó. Az egyik oldal közepén botra támaszkodó férfi, vele szemben női figura. A másik két oldal közepének ábrázolása a felismerhetetlenségig kikopott. Középen zegzugvonalú téglalap alapon bárányka.
XIX. század közepe
M.: 53 cm
Sz.: 54 cm
Ltsz.: 64.1229

188.

בעלו מם דער צאַרישער
קאַנסטיטוציאָן!
עס לעבע די דעמאָקראַטישע
רעפובליק!

187. Szédertáltakaró
(XV. tábla)

Vajszínű atlaszselyem, mustársárga, zöld, világoskék, hússzínű és lila selyemfonallal, szár-, csomó- és laposöltéssel hímezve, aranyrojt szegéllyel, drapp pamutvászon béléssel. Négy körlapból összeállítva, egymás alatt három zseb a három máccá számára, oldalt három U alakú fogórésszel. A fedőlapon körbefutó héber felirat a széder-szertartás mozzanataival. A fogók felőli oldalon félkörben rendezett virágos ág, naturalisztikus levelekkel, bimbókkal, nefelejccsel, margarétával és rózsával, az egyik végén szalaggal összefogva. Középen négy sor vízszintes, felette egy sor ívelt héber szöveg.
1880 körül
Á.: 40 cm
Fogóá.: 5 cm
Ltsz.: 64.831

188. Zászló

Vörös pamutvászon, mindkét oldalán fehér temperával kézzel festett. Téglalap alakú, héber betűs jiddis felirattal; egyik oldalán: „Éljen a lengyel és litván szociáldemokrácia!", a másik oldalán: „Le a cári konstitucióval! Éljen a demokratikus Köztársaság!"
Oroszország
1905
M.: 73 cm
Sz.: 100 cm
Ltsz.: 64.1105

189. Mizrah-tábla

Aranyozott, domború akantuszleveles, virágos fakeretben, üveg alatt. Zöld bársony, fémsodrony rátétekkel, vörös és zöld álékkövekkel, drapp alapon sötétebb barna, festett papírtükörrel. Szélén szövött aranyszalag szegély. Téglalap alakú, az alapot szinte befedi a gazdag rátétes minta. Négy sarkában egy-egy rózsából ívelt, dús levelű ág indul. Körben ívelt szalagrózsák, alul-felül, középen szalagcsokor. A középmezőben ívelt levélformák között rózsák és margaréták nyílnak. Tükrét körben leveles, bogyós ág kereteli. A tükörben Mizrah-szó, a Szináj hegye, hétágú gyertyatartó és a Tízparancsolat kettős kőtáblája a parancsolatok kezdőbetűivel.
1850 körül
M.: 28 cm
Sz.: 22 cm
Ltsz.: 64.1224

190.

190. Főkötő

Fekete félselyem atlasz, zsinórral kontúrozott rátétes aranyhímzéssel, flitteres gyöngydíszekkel. Háromszög alakú, a homlokrész felett háromrészes bordúr, két rombuszsor között rózsák. Felettük gránátalmás, tulipános, szegfűs virágtő. A csúcsnál különálló palmettás motívum.

XIX. század vége

Nyitráról (esküvőn viselte az örömanya)

M.: 48 cm

Sz.: 120 cm

Ltsz.: 64.777

Analógia: a Magyar Nemzeti Múzeum textilgyűjteményében (Ltsz.: 1961.637)

191. Jahrzeit-tábla
(XVI. tábla)

Drapp lyuggatott karton, kék, zöld, drapp, vörös, arany gyöngyhímzéssel. Barna bársonnyal bevont keret. Téglalap alakú, két felső csúcsát a keret levágja. Körben keskeny csíkos szegély. Alul: „Elkészítete (sic!) 1867 Weidman Leni". Hét sor héber felirat, az utolsó bal oldalán virágdísz, oldalt andráskeresztek. Fent ágon ülő madárka, pálmafa és vázából kihajló rózsa.

Nem rituális célú darab. A Jahrzeit a családi halott elhalálozásának évfordulója, de ezt nem szokták hímzéssel vagy más technikával megörökíteni.

1867

M.: 15 cm

Sz.: 15 cm

Ltsz.: 64.1207

IX. tábla. Tóraszekrény-takaró és drapéria. (Katalógusszám: 168.)

X. tábla.   Tóraszekrény-takaró. (Katalógusszám: 171.)

XI. tábla.   Tóraszekrény-takaró. (Katalógusszám: 174.)

XII. tábla. Tóraszekrény-takaró. (Katalógusszám: 175.)

XIII. tábla. Tóraszekrény-takaró. (Katalógusszám: 178.)

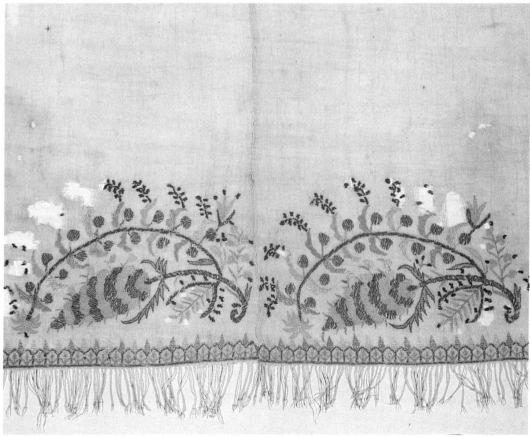

182

XV. tábla. Szédertáltakaró. (Katalógusszám: 187.)

XIV/a. tábla. Szédertáltakaró. (Katalógusszám: 184.)

XIV/b. tábla. Szédertáltakaró. (Katalógusszám: 185.)

XVI. tábla. Jahrzeit-tábla. (Katalógusszám: 191.)

ILLUSZTRÁLT KÉZIRATOK

Mai adataink szerint a magyarországi zsidó könyvművészet a XVIII. század első felében vette kezdetét. Első munkásai Burgenlandból valók. A későbbiek a hatásuk alatt álltak.

Chájjim b. Ásér Ansel Köpcsényből származik. A köpcsényi *conscriptio* 1725-ben úgy említi őt, mint *scholae rectort*, tehát tanító volt. Az 1768-as conscriptio *scriba communitatis*nak, hitközségi jegyzőnek mondja. E két foglalkozásán kívül 1741 és 1782 között szorgalmas könyvmásoló és illusztrálótevékenységet fejtett ki. Művészi hajlama indította erre, de talán anyagi érdek is. 27 művét ismerjük eddig. Ezek szétszóródtak a világ köz- és magángyűjteményeibe. Műveiben a magyaros, színes virágdíszítés dominál. A Köpcsényben megmaradt sírköve tanúsága szerint 1784. április 20-án halt meg.

1777-ben készítette el finom művészettel egy névtelen másoló és illusztrátor Rohoncon Móhél-könyvét. Az ugyancsak itt másolt és rajzolt Háftára-tekercs művészének sem ismert a neve. Németkeresztúron illusztrálta Lézer b. Jesája azt a Szefira-könyvecskét, amely ma az Iparművészeti Múzeum tulajdonában van. Népies virágdíszítéssel dolgozott, akár a köpcsényi Chájjim.

A kaboldi Jicchák Eisik nagykanizsai Chevra-könyve 1792-ből a budapesti Zsidó Múzeumba került (214. sz.). Naményi Ernő szerint miniatúrái „a zsidó művészet legnagyobb alkotásai közé tartoznak".

gi kötéstáblákban. Bp., 1969. 187–188.
No. 59.

תפלה מכל שנה 193.

Imádságoskönyv az egész évre
Szöveg: Hétköznapi, szombati, új-holdra, a három zarándokünnepre, újévre és Jóm-Kippurra való imák. A végén az Atyák mondásai. Illusztrációk: Egyszínű tollrajzok. Címlap: Fent lovas, középütt balról Dávid a hárfával, jobbról Salamon a szentély építésére utaló mérőónnal. 2a: Siviti-lap. Fent két oroszlán, középütt héber betűkből alakított menóra. 49a: Kántor – füléhez illesztett kézzel – a pulpitusnál. 70a: Férfi lúlábbal, háttérben sátor. 73a: Kántor kóristával (mindkettőnek keze a füléhez illesztve). 76b: A hold megszentelése (Kiddus leváná). Initialék: 3a, 4a, 9a, 48a, 50b, 54b, 57b, 78a, 82b, 92b, 100a.
Móse Léb b. Wolf (Trebitschből) másolta Jószéf b. Móse Náftáli Hállévi számára
1723
112 aranymetszésű pergamenlap
A Königswarter családtól vásárolta – a Joint segítségével – 1945 után a Zsidó Múzeum
M.: 16 cm
Sz.: 9,5 cm
Ltsz.: 64.629
Irodalom: *F. Landsberger*: The Second Cincinnati Hagadah. HUCA [Hebrew Union College Annual] XXXII/2 (1950–51). 506–517.; *E Naményi*: La miniature juive au XVIIe et au XVIIIe siècle. REJ [Revue des Études Juives] CXVI (1957). 59–60.; *C. Roth–B. Narkiss*: Háománut há-jehudit. Ramat-Gan, 1974. 125.; *M. Schmelzer*: Scheiber Jubilee Volume. Bp., 1984. No. 39.

192. Krónikák könyve
Fólió alakú. Másszórával (grammatikai és szövegkritikai) ellátott, háromhasábos Biblia-kódex egy levele. Egy hasáb le van belőle vágva. A *Krónikák könyvének* eleje mikrografikus héber betűkből kialakított illusztrációval: Éva egyik kezével olajfalevél-csokrot tart maga elé, a másik kezével almát nyújt Ádám felé. Középütt fa, amelyre kígyó tekerőzik. Valószínű, hogy a kódexben minden bibliai könyv előtt volt egy illusztráció. A hajtásaiból világosan látható, hogy a könyv kötéstáblául szolgált. A bordán lévő cím nagyon halvány, és nem olvasható. Lehet, hogy a „budai zsákmánnyal" került 1686-ban Buda visszafoglalásakor a Festetics család birtokába.
XIII. század
Kvádrát írás
Pergamen
A keszthelyi Festetics-könyvtárból került 1945 után jelenlegi helyére
M.: 35,5 cm
Sz.: 21,4 cm
Ltsz.: 64.633
Irodalom: *Büchler Sándor*: Libanon VII (1942). 3. sz. 65.; *Scheiber Sándor*: Héber kódexmaradványok magyarorszá-

תפלה
מכל שנה ותפלות שבת
וראש חדש ושל ימים טובים
וימים נוראים ופרקי א
בות ושאר תפלות ש
וחדש הלבנה · שייך נהקין
החפורס"פו המדינה כהרר
יוסף כהרר משה נפתלי
הלוי רוקן
מעשה ידי משה ליבדיר ושף
ז"ל מטריבטש

במותיוק
אמשטרדם
תפ"ג ל

תפלה נאה לומר ב
קודב שנכנס לשכל

יהי רצון מלפניך
יי אהי ואל
אבותי שתשרה
שכינתך בינינו
ותפרוס עלינו סוכת
שלומיך בזכות
מצוה סוכה שאנו
מקיימין ליחדא
שמא דקבה ושכינתיה
בדחילו ורחימו
ליחדא שם יה
ברוה ביחודא שלים בשם כל ישראל
ולהקיף אותה מזיו כבודך הקדוש
והטהור נטוי על ראשיהב מלמעל

194. Alkalmi imák

Szöveg: Étkezési ima, ima az ágyban, ima a hold megújulására, úti imádság, ima a gyászszertartáson. Illusztrációk: Piros, fekete, zöld, barna színekkel. Címlap: Jobbra Mózes a két kőtáblával, balra Áron a füstölővel.

3a: Koronát tartó két sas.
4a: Étkező család.
5a: Tógás férfi menórát nyújt.
5b: Hámán az akasztófán.
7b: Jövőbeni Jeruzsálem.

11a: Kék kockába rajzolt, aranybetűs initiale.
12a: Ugyanaz.
12b: Sasmadár.
14b: Szárnyas angyal.
19b: Kiddus leváná.
22a: Virágos kosár.
22b: Útonjárók.
23b: Két hajó.
25a: Ima a sátorban.
26a: Egy kosár virág.
27b: Koporsóvivők zsidó kalappal.

A másoló neve nincs feltüntetve
A hely nem vehető ki
1739
29 pergamen lap
Korabeli, fekete dísszel nyomott sárga bőrkötés
Ismeretlen helyről került a Zsidó Múzeumba
M.: 9 cm
Sz.: 6 cm
Ltsz.: 64.618

195. סרד ברכת המזון
Étkezési ima
(XVII/a. tábla)

Szöveg: Étkezési ima, asszonyi imák, gyertyagyújtás.

Illusztrációk: Rózsaszín, kék, sárga és arany színekkel.

2b: Dedikációs lap zöld alapon, aranyfestésű virágokkal keretezve.

3a: Címlap: Balra Mózes a botjával, jobbra Dávid a hárfával. Fent két angyal között levita az öntőkannával, lent városkép, nyilván a jövőbeni Jeruzsálem.

5a: Az étkező család.

7a: Hámán fiai az akasztófán, az előtérben zsidók.

7b: Judit Holofernes fejével; balra égő menóra.

16b: Az orvos eret vág egy nőn.

17b: A tésztából vett darabka (chállá) elégetése.

18b: Nő a rituális fürdőben.

19b: Péntek esti gyertyák meggyújtása.

21a: Esti ima elalvás előtt.

Mesullám Ziml Polnáról (a cseh-osztrák határon) másolta és illusztrálta 1750–51

27 pergamenlap

Korabeli sárga bőrkötés, aranydísszel

A dedikációs lap szerint Koppel b. Jirmija Broda ajándékozta menyasszonyának, Gitl b. Savel Leitesdorfernek

1953-ban juttatta Dr. Sós Ernő tanár a Zsidó Múzeumnak

M.: 10,5 cm

Sz.: 8 cm

Ltsz.: 64.626

Irodalom: *A. Scheiber:* An Illuminated Birkat Ha-Mazon Manuscript and its Copyist. SBB [Studies in Bibliography and Booklore] III (1958). 115–121.; *E. Roth:* Interessante hebräische Handschriften der Österreichischen Nationalbibliothek. Biblos VIII (1959). 83–88.; *A. Scheiber:* Ein in Vergessenheit geratenes illustriertes Büchlein des Meschullam Simel. Biblos XVIII (1969). 180–181.; *H. Peled-Carmeli:* Illustrated Haggadot of the Eighteenth Century. Jerusalem, 1983. 31. No. 4.; *M. Schmelzer:* Scheiber Jubilee Volume. No. 25.

196. סדר תפלת הדרך
Úti imádságok
(XVII/b. tábla)

Szöveg: Imák az útra, Kiddus leváná stb.

Illusztrációk: Színesek.

Címlap: Fent hajó utasokkal, lent erdőben járók bottal, hátizsákkal. A papi áldás három szava olvasható (Mózes IV. 6:24.). Jobbról-balról egy-egy nyúl.

3a: Elöl előimádkozó látható, mögötte apa és fia a szukkoti ünnepi csokorral.

4b: Kiddus az asztalnál újesztendőkor.

7a: Kiddus leváná.

11b: Izsák feláldoztatásának kísérlete.

Másoló és illusztrátor ismeretlen 1763

15 pergamen- és 4 papírlap

Korabeli, aranynyomású, barna bőrkötés

Volt tulajdonosai: Chájjim Lézer Schwartz, Iczig Toch; 1886. II. 5: Emanuel Toch. Dirsztay Béla ajándékaként jutott jelenlegi helyére

M.: 11 cm

Sz.: 8 cm

Ltsz.: 64.628

Irodalom: A Toch családról: *A. Marx:* Bibliographical Studies and Notes. Ed. *M. Schmelzer.* New York, 1977. 330.

196.

197. Jóm Kippur Kátán-könyvecske
Szöveg: Az Újhold előtti istentisztelet
imarendje.
Illusztrációk:
Címlap: Fent két fekvő angyal, közé-
pütt jobbra Mózes a két kőtáblával,
balra Áron a füstölővel.
2a: Initiale.
A másoló neve nincs feltüntetve, de
láthatóan Samuel Dreznitz
Nincs megjelölve az iratás helye, de
valószínűleg Nikolsburg

1740
19 pergamenlap
Korabeli, arannyal díszített, sárga bőr-
kötés
A bejegyzések szerint 1812 óta az
Epstein család birtokában volt. 1911-
ben jutott a 7sidó Múzeumba
M.: 15 cm
Sz.: 10 cm
Ltsz.: 64.631
Irodalom: *A. Scheiber*: Aresheth I
(1958). 254–259.; *uő*.: Acta Orientalia

Hungarica (1961). 135–145.; *uő*.: Are-
sheth IV (1966). 490–592.; Grace After
Meals and Other Benedictions. Ed. *R.
Edelmann*. Copenhagen, 1969.; *A.
Scheiber*: Two Newly Found Works of
Samuel Dreznitz. SBB IX (1969–71)
33 40.; Grace After Meals. Ed. *I. Fishof*.
Copenhagen, 1983.; *A. Scheiber* : SBB
XV (1983).

198. תפלות יום כפור קטן

Jóm Kippur Kátán-könyvecske

Szöveg: Az Újholdat megelőző liturgia.

Illusztrációk:

Címlap: Színes virágkeretben.

Nincs feltüntetve, de kétségtelenül Chájjim b. Ásér Ansel írta és illusztrálta Köpcsényben

1761

18 pergamenlap

Korabeli, sárga bőrkötés, középen elöl-hátul a héber tetragrammaton

A bajai Kohn családtól került Kohn Sámuel pesti főrabbihoz, s onnan jelenlegi helyére

M.: 16 cm

Sz.: 10,5 cm

Ltsz.: 64.630

Irodalom: *A Scheiber*: Yeda-Am III (1955). 22. No. 8.; *uő*.: The Jewish Artistic School of Kittsee. Journal of Jewish Art VII (1980). 44–49.; *H. Peled-Carmeli*: Illustrated Haggadot of the Eighteenth Century. 31. No. 5.; *M. Schmelzer*: Scheiber Jubilee Volume. Nos. 20., 43.

199. תפילות יום כפור קטן

Jóm Kippur Kátán-könyvecske

Szöveg: Az Újholdat megelőző liturgia.

Illusztrációk:

Címlap: Fent két oroszlán, középütt jobbra Mózes a két kótáblával, balra Áron a füstölővel. Lent két sas tartja az emblémát, benne későbbi írással: Sámuel (a tulajdonosok egyike).

3a: Initiale.

7a: Initiale.

8b: Két oroszlán tart egy koszorút, fent koronával.

A koszorúban initiale.

Cvi Bonahers Segal másolta

Készülésének helye ismeretlen

1767

14 pergamenlap

Korabeli, virágmintás, sárga bőrkötés

1888-ban a Miser család tulajdonában volt. 1917-ben került jelenlegi helyére

M.: 12 cm

Sz.: 9 cm

Ltsz.: 64.620

זה השער
לה׳ צדיקים
יבאו בו ❊

דיניס וסדר תפילות
יום כפור קטן
כתבתי ובירמי בתכלית
היופי.כאשר עיניכס תחזנה
מיטריס הקלף לבן וכדיו שחר
אני ה״ק.והכבתיר כאלפיצוראל
כסיבי.כהרא סג״ל סופר סתס
נעשה בשנת תקכ״ז לס״ק ❊

שמואל

תפילות יום כפור קטן .200
Jóm Kippur Kátán-könyvecske
Szöveg: Az Újholdat megelőző liturgia.
Illusztrációk:
Címlap: Fent két oroszlán, középütt jobbra Mózes a két kőtáblával, balra Áron a füstölővel. Lent két tulipán között üres embléma.
4a, 5b, 7b: Iniciálék.
Cvi Bonahers Segal másolta
Készülésének helye ismeretlen
Nincs feltüntetve a dátum, de nyilván ez is 1767-ből való
Korabeli, virágmintás, sárga bőrkötés

A Gestetner-hagyatékból vásárolta Weisz Miksa 1914-ben a Zsidó Múzeum részére
M.: 12 cm
Sz.: 8,5 cm
Ltsz.: 64.624

וזאת תורת הכהנים .201
A kohanita áldás rendje
Szöveg: A nagyünnepi és zarándokünnepi kohanita áldás rendje.
Illusztrációk: Tollrajzok.
5a: A papi áldásra nyújtott két kéz közrefogja a báruch (áldott) szót.
8a: A két kőtábla, felette a Tóra koronája.
11b: Két hal ábrázolása.
Jóchánán (Óbudáról) másolta
Iratás helye: Óbuda
1819
13 pergamenlap
Korabeli, barna bőrkötés, aranydíszítéssel
Kriszhaber Zalman (Bácsfeketehegy), bácskai gazdag és jótékony zsidó számára készült; fia, Kohn Simon ajándékozta 1916-ban a Zsidó Múzeumnak
M.: 14 cm
Sz.: 10 cm
Ltsz.: 64.619

Múzeumba
M.: 12,5 cm
Sz.: 8,5 cm
Ltsz.: 64.622
Irodalom: Lásd a 193. szám alatt írottakat

203. Rézmetszetű Megilla

Szöveg: *Eszter könyve.*
Illusztrációk: Az irodalom már részletesen ismertette. Számos példány ismeretes belőle (a Zsidó Múzeumban is: Ltsz.: 64.2223; 64.2226).
Mordecháj b. Jozl (Markus Donath) írta, illusztrálta és metszette Nyitrán 1834
11 papírkolumna
Steiner Lajos ajándékaként került 1915-ben jelenlegi helyére
M.: 11 cm
Sz.: 10 cm (az egyes kolumnáké)
Ltsz.: 64.2228
Irodalom: *E. Naményi*: Ein ungarisch-jüdischer Kupferstecher der Biedermeierzeit (Markus Donath). Jubilee Volume in Honour of Bernhard Heller. Bp., 1941. 252–257.; *A. Scheiber*: Eine unbekannte Megilla von Markus Donath. Israelitisches Wochenblatt LXVI (1966). No. 9.; *uő.*: Markus Donath's Second Misrah-Plate. SBB X (1971–72). 80–82.; *M. Schmelzer*: Scheiber Jubilee Volume. No. 11.

202. סדר תקוני שבת

Szombati szertartáskönyv

Szöveg: Az Izsák Lurja irányát követő szombati szertartáskönyv tartalmaz z'mirotot (énekeket) is, valamint a Kiddus levánát.
Illusztrációk: Egyszínűek.
Címlap: Jobbról Mózes a két kőtáblával, balról Áron a füstölővel. Fent trombitát fúvó két angyal koronát tart.
1b: Két angyal között korona.
4b: Initiale.
9a: A ház asszonya péntek este az asztalnál gyertyát gyújt.
9b: Lándzsás apród a trónon ülő Salamon előtt.

10a: Initiale.
21a: Kiddus a péntek esti asztalnál.
21b: Péntek esti vacsora.
36b: Család a péntek esti asztalnál.
53a: Hávdálá.
56a: Jákob és pásztora a nyájjal.
59b: Kiddus leváná.
Móse Léb b. Wolf, Trebitsch másolta és illusztrálta
Az iratás helye nem szerepel
A dátum nem szerepel. A XVIII. század első negyedében készült
Korabeli, trébelt, barna bőrkötés
124 pergamenlap
Gestetner Adolf (Győr) ajándékozta az Országos Rabbiképző Intézet Könyvtárának. Innen került letétként a Zsidó

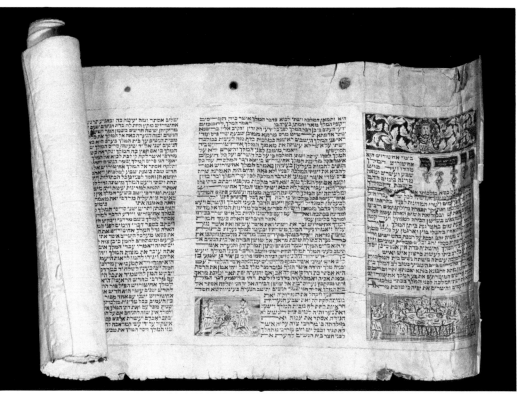

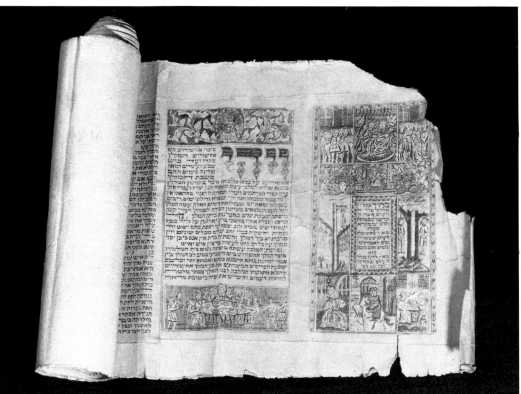

204. סדר הגדה של פסח

Haggáda

(XVII/c. tábla)

Szöveg: A Haggáda szövege jiddis utasításokkal. Az „Addir hú", „Echád mi jódéá" és „Chád gádja" héber betűs, német fordítással.

Illusztrációk:

Címlap: Fent két sas, középütt jobbra Mózes a botjával, Áron a füstölővel. Lent a két szélen egy-egy arc.

Iniciálék: 3a, 3b, 4a, 4b, 5a, 5b, 6b, 7b, 8a, 9a, 10a, 10b, 11b, 12a, 14a.

12b: Dávid hárfával.

Az iniciálék – egy kivétellel – virágból szövődnek, piros, sárga, kék, zöld, barna és arany színnel. Magyaros jellegűek.

Chájjim b. Ásér Ansel írta és illusztrálta Köpcsényben

1768

20 pergamenlap

Korabeli, barna bőrkötés, aranynyomással

Egy bejegyzés szerint Pápáról került a fővárosba. A Fried család letéte a Zsidó Múzeumban

M.: 30 cm

Sz.: 20 cm

Ltsz.: 64.643

Irodalom: *Grünvald Fülöp*: Kéziratos Haggáda a XVIII. századból. A köpcsényi Chájjim ben Ásér Ansel szépíró munkája. Új Élet X (1954). 4. sz.; *A. Scheiber*: Yeda-Am III (1955). 22–23.

205. סדר ספירת העומר

Ómerszámláló könyvecske

Szöveg: Minden lapra az ómerszámlálás egy napja kerül.

Illusztráció:

A címlap aranykeretbe foglalva.

Chájjim b. Ásér Ansel írta Köpcsényben, bár nincs feltüntetve

1782

29 pergamenlap

Korabeli pergamenkötés, fekete cirádás dísszel

Provenienciája ismeretlen

M.: 5,5 cm

Sz.: 4,5 cm

Ltsz.: 64.623

Irodalom: *A. Scheiber*: The Jewish Artistic School of Kittsee. Journal of Jewish Art VII (1980). 47. No. 26.

206. ספירת עמר

Ómerszámláló könyvecske

Szöveg: Minden lapra az ómerszámlálás egy napja kerül.

Illusztráció:

4b: Hétágú menóra bibliai mondatokból kialakítva.

Jákob Tisovecről (Tiszolc) írta és illusztrálta

Az íratás helye nincs megjelölve

1780

28 pergamenlap

Korabeli, barna bőrkötés, filigrán ezüstcsattal és díszítéssel

Jószéf b. Élijáhu Segal számára íródott. A 28b és 29. lapokon a Wahl család bejegyzései olvashatók 1822-től 1932-ig. Dr. Fuchs Antal hagyatékából jutott 1955-ben jelenlegi helyére

M.: 12 cm

Sz.: 8,5 cm

Ltsz.: 64.625

205.

ז' מול פני המנורה יאירו שבעת הנרות

סיר כוור תמז גו נגי לחצ למנ

ולאמים בארץ תנחם סלה

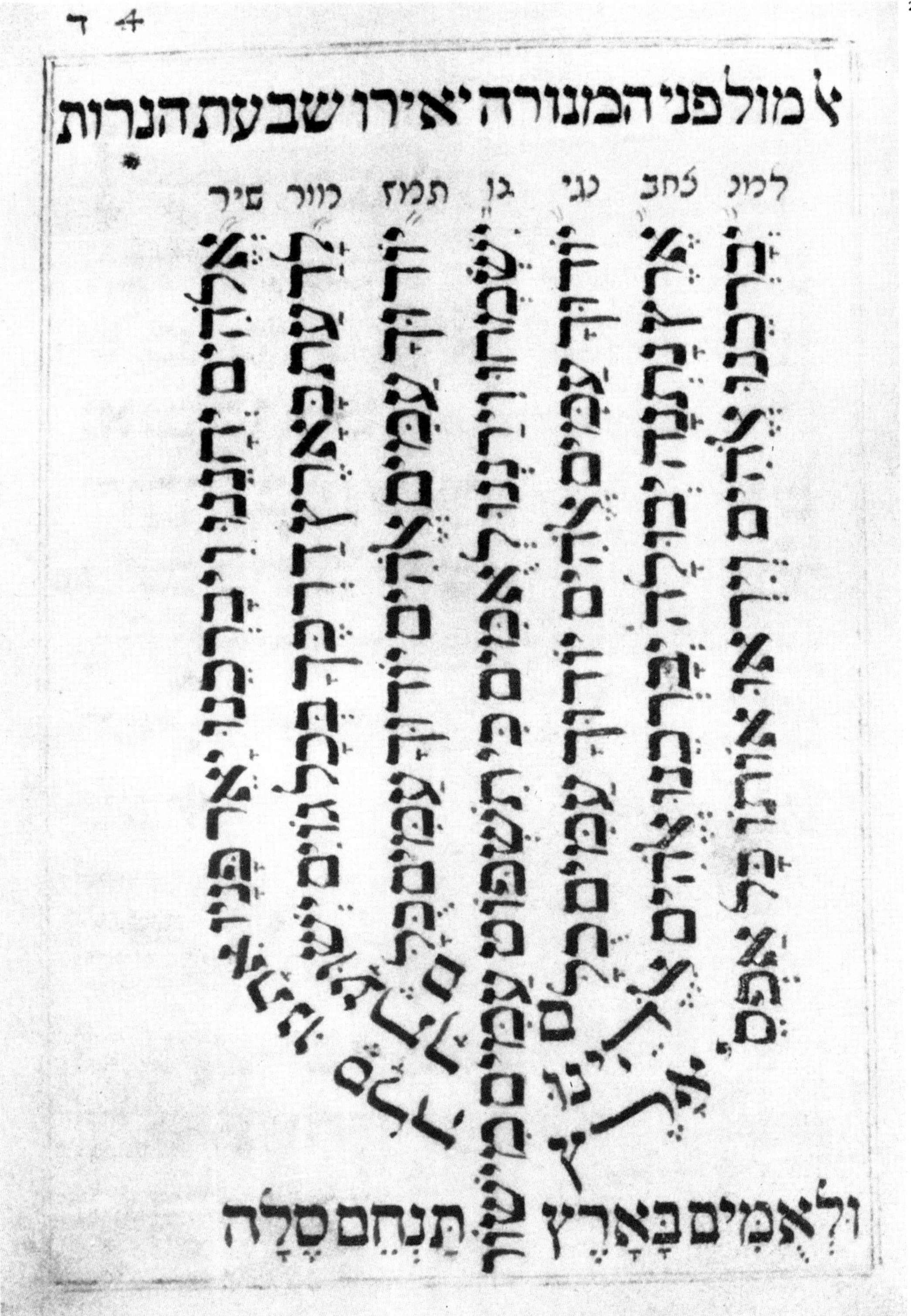

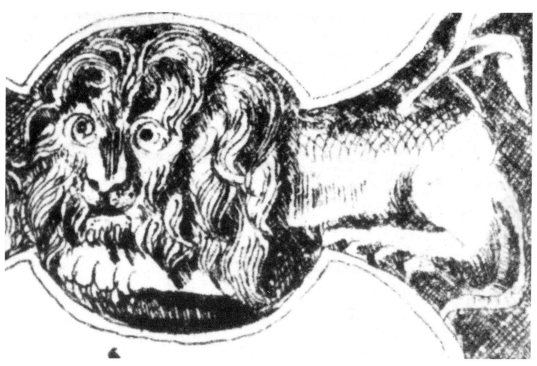

207. ספירת העומר

Rézmetszetű ómerszámláló könyvecske

Szöveg: Az ómerszámlálás rendje.

Illusztrációk:

Címlap: Jobbra Áron a füstölővel, balra Mózes a kótáblával.

1b: Az *Énekek énekének* szövege mikrográfiával.

3b: Bibliai versekből kialakított menóra.

17a: *Ruth könyve* mikrográfiával.

A többi lapon növény-, állat- és angyalábrák.

Markus Donath írta és metszette Nyitrán

1834

17 papírlap

Korabeli, barna bőrkötés

Eredetileg Jákob Hirsché volt. Dr. Kálmán Ödön jászberényi rabbi ajándékozta 1914-ben a Zsidó Múzeumnak

M.: 10 cm

Sz.: 6 cm

Ltsz.: 64.627

Irodalom: *E. Naményi:* Ein ungarischjüdischer Kupferstecher der Biedermeierzeit (Markus Donath). Jubilee Volume in Honour of B. Heller. 252–257.; *A Scheiber:* Eine unbekannte Megilla von Markus Donath. Israelitisches Wochenblatt LXVI (1966). No. 9.; *uő.:* Eine Kindbett-Tafel. Israelitisches Wochenblatt LXXI (1971). No. 34.; *uő.:* Markus Donath's Second Misrah-plate. SBB X (1971–72). 80–82.; *uő.:* Markus Donath's Mohel Book. SBB XII (1979). 9–15.

208. סדר ספירת העומר

Ómerszámláló könyvecske

Szöveg: Az ómerszámlálás szabályai és rendje. Minden napnak külön lap.

Illusztrációk:

Címlap: Két színes oszlop között a cím.

Minden lapon egyszínű, tollrajzos initialék.

A másoló ismeretlen

Az íratás helye nincs megjelölve

A dátum nincs feltüntetve (XIX. század első fele)

32 pergamenlap

Korabeli, barna bőrkötés, bordáján vaknyomásos díszítés

Pintér Gyula (Abony) ajándékaként került 1918-ban a Zsidó Múzeumba

M.: 6,5 cm

Sz.: 5 cm

Ltsz.: 64.624

209. Ómerszámláló tekercs

Szöveg: 49 kocka, minden kockában
egy-egy nap.
Illusztrációk: Minden kocka színes vi-
rágkeretben.
Másolója ismeretlen
Hely nem szerepel
A dátum nincs feltüntetve
Pergamen
Ismeretlen helyről 1912-ben került a
Zsidó Múzeum tulajdonába
M.: 8,5 cm
Sz.: 5 cm egy-egy kockáé
Ltsz.: 64.632

210. ספר הברית
Móhél-könyv

Szöveg: A circumcisio és a gyermek
kiváltásának (pidjon) rendje. Héber
nevek alfabetikus sorrendbe szedve.
A körülmetéltek névsora 1832-től.
Illusztrációk:
Címlap: A szöveget több színú füg-
göny keretezi, fent koronával.
2a: Oszlopos keretben Élijáhu széke.
Ábrahám b. Dávid Beer Szófér másol-
ta és illusztrálta Csabon, Móse Flesch
számára
XIX. század elejéről való, a címlap

nem tünteti fel
10 pergamen- és 9 papírlap
Korabeli, piros bőrkötés, rajta az első
tulajdonos héber neve
1935-ben került jelenlegi helyére
M.: 18 cm
Sz.: 12 cm
Ltsz.: 67.707

211. Ketubba
Veronában, 5441. Kiszlév Újholdján
(1680. XI. 22.). Ábrahám b. Zálmán és
Leona b. Chájjim Polako házassági
szerződése.
A keretet a zodiákus kör szolgáltatja.

M.: 72 cm
Sz.: 52,5 cm
Ltsz.: 64.1250
Irodalom: *D. Davidovitch:* The Ketuba.
Jewish Marriage Contracts through
the Ages. Tel Aviv, 1968.

XVII/a. tábla. Étkezési ima. (Katalógusszám: 195.)
XVII/b. tábla. Úti imádságok. (Katalógusszám: 196.)
XVII/c. tábla. Haggáda. (Katalógusszám: 204.)

XVIII–XIX–XX. tábla. A nagykanizsai Chevra-könyv. (Katalógusszám: 214.)

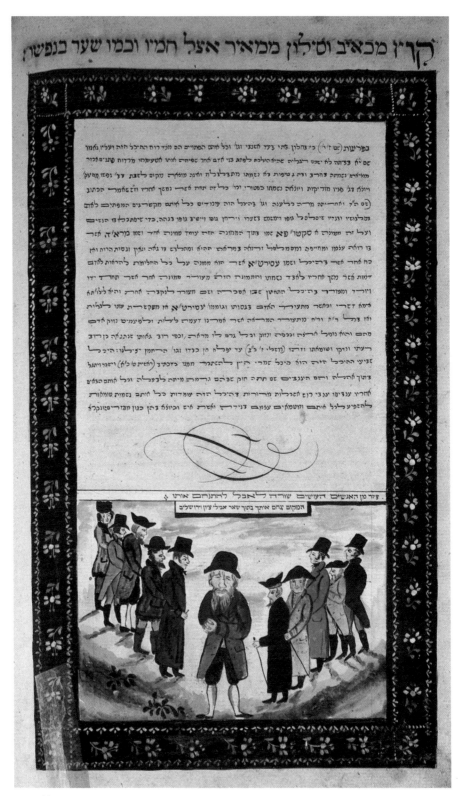

XIX. tábla

XX. tábla

212. Ketubba
Rovigóban, 5518. Tammuz 15-én
(1758. VII. 21.). Sámuel b. Mordecháj
Hállévi és Eszter b. Móse Juda Szináj
házassági szerződése.
Fent Ádám és Éva, középütt a fára

tekerőző kígyó. A szöveg körül a
zodiákus kör látható.
M.: 71 cm
Sz.: 55 cm
Ltsz.: 64.1248

213. A nagykanizsai Bikkur Chólim könyve

Szöveg: A zsidó irodalom tanításai a betegápolásról. Imák súlyos betegnél, névváltoztatás. Az egylet tagjainak névsora. Alapszabályok (Tákkánot).

Illusztrációk:

Címlap: Kapu rajza, benne a szöveg. Nincs feltüntetve, de jól láthatóan ugyanaz a művész írta és illusztrálta Nagykanizsán, aki a nagykanizsai Chevra-könyvet (214. sz.): Jicchák Eisik Kaboldról

A kötés ezüsttáblájának tanúsága szerint 1782-ben fektették fel, első bejegyzése azonban: 5562. Tébét. 10. (1802. XII. 15.)

Világoskék bőrkötés, ezüstdíszítéssel. Négy sarkában egy-egy négyzet alakú díszítőelem. Két ezüstkapoccsal

M.: 51 cm
Sz.: 37 cm
Ltsz.: 64.1075

214. A nagykanizsai Chevra-könyv (XVIII.–XIX.–XX. tábla)

Szöveg: A Chevra szabályzata (Tákkánot). Kabbalisztikus irányú szövegek. Szemelvények a Széfer Chászidimból (Jámborok könyve), a Másszechet Géhinnom (A pokol traktátusa), fejezetek Jószéf Káró Sulchán Áruch című törvénykönyvéből, Móse Zákutó Tofte Áruch című pokoljárása.

Bejegyzései 1769-ből kezdődnek.

A Chevra-tagok névsora, a nagykanizsai zsidó kórház céljaira adakozók. A könyv végén végrendeletek olvashatók.

Illusztrációk:

Címlap: Nyitott frigyszekrény.

Legfontosabbak a halállal, temetéssel és gyásszal kapcsolatos színes rajzai:

1. Haldokló. A halál kardjáról méregcsepp hull a haldokló szájába. Az ágynál áll az orvos és a Chevra küldötte.

2. A halott a földön fekszik letakarva. Mellette ül a halottőrző.

3. A halott mosdatása. Az egyik férfi villácskát tart a kezében (a halott ezt használja majd a feltámadáskor), a másik a halott szakállát fésüli. Hárman imádkoznak. Egyikük kezében persely.

4. Kétlovas kocsi viszi a halottat. Polgári öltözetű, magas kalapú zsidók a menetben.

5. A temetőben. A halott koporsó nélkül kerül a földbe.

6. A temető sírkövekkel. Sírásók.

7. Férfiak alkotta két sor között vonul el a gyászoló. A szenvedő arc nagyon kifejező.

8. A gyászoló sivát (hétnapos gyászt) ül. Kezében könyv. Mellette kis asztalon a gyászlakoma tartozékai: kenyér, tojás és bor. A tükör le van takarva.

9. A halottak birodalmának (duma) angyala.

10. Két angyal kiemeli a halottat a sírból, és számonkérésre viszi.

Képek a pokol szenvedéseiről. Említésre méltó a mikrográfiával készült két kép: Mózes a két kőtáblával, az öt Megillából kialakított kancsó. Szerepelnek a nagykanizsai temető gyászházának rajzai, valamint a kegyszerekéi, amelyeknek némelyike a Zsidó Múzeumban található.

Jicchák Eisik Kaboldról írta és illusztrálta Nagykanizsán

1792

299 papírlap

Fekete bőrkötés, ezüstveretekkel. Fedelének közepén kettős kőtábla, szélén trébelt inda, virágdíszítéssel. Vésett héber felirata: „Ez a könyv a kanizsai Gemilut Chászádim Szentegylet tulajdona". A négy sarkán egy-egy négyzet alakú, trébelt lemez, héber betűkkel, amelyek az 1793-as dátumot adják. Kettős kapoccsal volt lezárva

M.: 46 cm
Sz.: 34 cm
Ltsz.: 64.1067

Irodalom: *E. Róth*: Yeda-Am III (1955). 17–20.; *E. Naményi*: REJ CXVI (1957). 71.; *A. Scheiber*: Die Anfänge der jüdischen Kunst in Burgenland. Gedenkbuch der untergegangenen Judengemeinden des Burgenlandes. Ed. *H. Gold*. Tel Aviv, 1970. 121.

זה
הפנקס שייך לחברה
של בקור חולים דֿוֿ
מקֿקֿ קאנישֿאֿ יֿאֿ
ויהא להם למזכרת
לכבוד ולתפארת
להם ולדורי דורות
השם ישֿלֿהֿ לֿנֿוֿ אֿלֿ
ויבשר שֿיֿבֿאֿ גֿוֿאֿלֿ
צֿדק במֿהֿרֿה בֿיֿמֿינֿו
אמֿן לֿפֿקֿ סֿלֿה

דף אלה עמוד אלה

הכל נתן בערבון ומצודה פרוסה על כל

ראה זה המוסר : מרעיוני לעלו לֿ יוסר

215. Várpalotai Chevra-könyv

Szöveg: A bejegyzésekből kiderül, hogy a Chevra alapításának éve: 1766.
Illusztráció:
Címlap: Két oldalról oroszlán veszi közre.
Rajzolója ismeretlen
1822-ben fektették fel Várpalotán
M.: 28,5 cm
Sz.: 24 cm
Ltsz.: 64.1077

216. סדר הזכרות נשמות
Újlaki Memor-könyv

Szöveg: Jizkor-ima, 122. Zsoltár, Mi sebérách a három zarándokünnepre, Jóm Kippurra, Áv há-ráchámim.
Elhaltak nevei, közöttük Schwab Lőw pesti és Raphael Goldberg budai főrabbié.
Illusztrációk:
Címlap: Jákob a halottaságyon. Egyik oldalon József térdel királyi köntösben és csákóban, a másik oldalon a 11 testvér. Színes vízfestésű kép. Mózes I. 49:33. héber nyelven.
Joh. Tallner „Mahler" illusztrálta Újlakon
1834
7 papírlap
Korabeli aranydíszítésű, fekete bőrkötés
Az újlaki zsinagógából került a Zsidó Múzeumba
M.: 27 cm
Sz.: 20 cm
Ltsz.: 64.1061

A 216. kép részlete

ויכל יעקב לצות את בניו
ויאסף רגליו אל המטה
ויגוע ויאסף אל עמיו

אהבת חסד
Várpalotai Chevra-könyv
Szöveg: Benne az 1785-ös szabályzat (Tákkánot).
Illusztráció:
Címlap: Kétoldalt két fa a paradicsomban, mindkettőnél Éva az almával. Lent jobbról oroszlán, balról szarvas. Móse Wolf Freudenberg készítette Várpalotán
1837
M.: 37,5 cm
Sz.: 27 cm
Ltsz.: 64.1073

218. Jánosházi Chevra-könyv
Szöveg: A tagok névsora.
Illusztráció:
Címlap: Lent gyászmenet kíséri a koporsót, élén az özveggyel.
Feisch Aszód készítette Halason
5563. Tébét 3. (1802. XII. 28.)
M.: 38,5 cm
Sz.: 25 cm
Ltsz.: 64.1072

A 218. kép részlete

219.

219. A gyöngyösi Chevra emléklapja
Szöveg: Versezet, benne a Szentegy-
let elöljáróinak neve.
Illusztrációk: Jelenetek a Szentegylet
életéből:
1. Feleség férjének betegágyánál.
2. Orvos a betegnél.
3. A beteg felépül.
4. A beteg bűnvallomása.
5. A halál beállta.
6. A halottat a földre helyezik.
7. A halott mellett a Chevra megbí-
zottja virraszt és tanul.
8. A halott mosdatása.
9. Koporsóba tétel.

10. Vállon viszik a koporsót.
11. Kiemelik a halottat a koporsóból.
12. Sírbatétel.
Lent a Messiás előhírnöke szamáron,
sófárral. Feltámadás.
Az illusztráló személye ismeretlen
(Gyöngyösön készült)
1800
1 pergamenlap
A gyöngyösi Chevra ajándékaként
került jelenlegi helyére
M.: 62,5 cm
Sz.: 60 cm
Ltsz.: 64.1199

220. Siviti-tábla
(az előimádkozó asztal előtt állt)
Szöveg: A zsoltárok és az öt Megilla
mikrográfiával.
Illusztrációk:
Jákob álma, Salamon a trónon, Ruth,
Dávid a hárfával, Eszter, ismét Sala-
mon. Lent a menóra.
Mordecháj b. Eliezer kántor készítette
Megyeren
588 Ádár Újholdján (1828. II. 16.) fejez-
te be
M.: 67 cm
Sz.: 53,5 cm
Ltsz.: 64.1240

221. Siviti-tábla

Szöveg: A szokott formulák.

Illusztrációk:

Fent a Tóra koronája. Két emblémában „S. D.", az illusztrátor nevének kezdőbetűi. Középütt két oroszlán fogja közre a két kótáblát. Két gubába öltözött férfi, bottal a kezében. Magyaros munka.

Deutsch Salamon készítette Darás Porpácon

1869. VIII. 30-án fejezte be

M.: 47 cm

Sz.: 42 cm

Ltsz.: 64.1239

KÉPZŐMŰVÉSZETI GYŰJTEMÉNY

A képzőművészeti anyag nem vásárlással vagy tudatos fejlesztési koncepcióval alakult ki. A műtárgyak többségükben adományként vagy letéti anyagként kerültek a múzeum tulajdonába. Több mű magától az alkotótól (vagy özvegyétől) származik. A múzeum elsődleges gyűjtőkörébe a képzőművészeti anyag nem tartozik bele. Távlati tervként csupán kisszámú anyagot helyeznek el az állandó kiállításon, elsősorban illusztrációs céllal.

222. Wilhelm August Stryowski (1834–1917):
Zsidó menyegző
(XXI. tábla)

Stryowski tanulmányait Danzigban végezte. Később Hollandiában és Párizsban is járt, majd utazásokat tett Lengyelországba és Galíciába, ahol zsánerjeleneteket festett. 1894-től az esseni Művészeti Iskola professzora lett. Számos képe került múzeumba. E könyv munkálatai idején ismeretlen tettesek keretéből kivágva elrabolták egyik legismertebb munkáját, a Zsidó menyegzőt, melyet Lengyelországban festett. A kép figurái részletes kidolgozásúak; a jelenet kissé színpadias: mindez a müncheni hagyomány folytatásáról vall.

O. v. 105 × 195 cm
J. n.
Ltsz.: 64.1867

223. Perlmutter Izsák (1866–1932):
Varró asszony
(XXII/a. tábla)

Perlmutter Párizsban tanult. Sokáig élt Hollandiában, ahol finom életképeket és tengerparti tájképeket alkotott. Hazatérve érdeklődése a paraszti élet felé fordult, de ennek sokszor csupán dekoratív jellegét észlelte, és impresszionisztikusan adta vissza vásznain. A bemutatott kép a művész nagy sikerű zsánerképeinek sorozatából való. A zsúfoltan berendezett parasztszobát Perlmutter impresszionisztikusan, gazdag színskálával ábrázolja. Az asztal, az abrosz, a virágok és a képek, a szoba gerendázata dekoratív csendéletté állnak össze, az idős parasztasszony figuráját kihangsúlyozva. Tekintete összpontosított figyelmet tükröz, keze a varrógép alá rendezi a meggyűrt szövetet. Nyugalmat, egy-

szerű bölcsességet sugároz az arc: a sorsával megbékélt ember derűjét közvetíti.

O. v. 115 × 89 cm
J. j. l.: I. PERLMUTTER
Ltsz.: 64.2307

224. Fényes Adolf (1867–1945):
Szegények ebédje
(XXII/b. tábla)

A Szegények ebédje a művész szolnoki Szegényember-sorozatának – mely Fényes hírnevét megalapozta – egyik kiemelkedő darabja. A puritán elbeszélő stílus mély emberábrázolással párosul. A háttal álló fiatalasszony vállán sárga hímzett kendő, elöl kötényének fehér csíkja világít. A férfi fáradt tartással ül, arcán a nehéz testi munkát végzők tompa, egykedvű fáradtsága, bal keze lazán térdére ereszkedik. Az asztal fölött a falon madárkalitka függ, alatta reszelő, kancsó. A földön köcsög, a sarokban borosüvegek állnak, mintegy csendéletté alakítva az életképet. Fényes tudatosan rendezi és alakítja a teret, ügyelve, hogy a lényegest – a figurákat – helyezze fókuszba. E képpel egyik legjelentősebb művét sikerült megalkotnia.

O. v. 111 × 90 cm
J. j. l.: FÉNYES A. 1906
Ltsz.: 64.2339
Reprodukció: Oelmacher Anna: Fényes. Bp., 1962. 18. kép

225. Fényes Adolf:
Mózes vizet fakaszt
(XXIII. tábla)

Ez a kép Fényes ún. Mese-korszaká-
ból való: az 1910-es években keletke-
zett, amikor a festő már megalkotta
Szegényember-sorozatát, és túl volt
szolnoki korszakán. Az első világhá-
ború fenyegetése miatt Fényes elfor-
dult a hétköznapi valóság adta té-
máktól, és a legendák, példák világá-
ból merített. Az Ószövetség történe-
teinek festői megjelenítését tűzte ki
célul, itt keresve választ saját kínzó
problémáira. Életművéből ez az idő-
szak kevésbé jelentős a képek feresle-
ges dekorativitása és tendenciózus
jellege miatt.
O. v. 85 × 102 cm
J. j. l.: Fényes A. 1914
Ltsz.: 64.2340

226. László Fülöp (1869–1937):
Katona Nándor portréja

László Fülöp Székely és Lotz növendé-
ke volt, majd Münchenben képezte
tovább magát. Eleinte életképekkel je-
lentkezett, majd hamarosan kitűnt te-
hetsége a portréfestészetben. Ez a vi-
szonylag koloritszegény portré mint-
egy összefoglalja László Fülöp festői
erényeit. A művész képeit a karakter
és intellektus összefüggésének hang-
súlyozása jellemzi. László Fülöp igyek-
szik a modellt legelőnyösebb tulaj-
donságaival ábrázolni. Ez lesz későbbi

sikerének és nemzetközi hírnevének
kulcsa. (Számos közéleti hírességet
örökített meg, sikeres kiállításokat
rendezett külföldön, hosszú ideig a
londoni Royal Art School tanára volt).
Az ábrázolt, Katona Nándor festő
(1864–1932) Mednyánszkynál tanult,
őt vallotta mesterének. Elsősorban
tájképfestőként ért el sikereket az
1920-as években.
O. kréta. 74 × 47 cm
J. j. l.: Nándor barátomnak szeretettel.
Bécs 1902 I.
László F.
Ltsz.: 64.2079

227. Scheiber Hugó (1873–1950):
Önarckép

Scheiber korai munkái még az imp-
resszionizmus és a plein-air jegyeit
viselik magukon. Később a weimari
expresszionizmus és a futurizmus ha-
tására alakította ki egyéni stílusát. Ké-

pei között gyakori az önismétlés, leg-
jobb alkotásaival azonban nemzetkö-
zi színvonalon képviseli a XX. századi
magyar festészetet. Berlinben részt
vett a Bauhaus kiállításán, Olaszor-
szágban és az USA-ban is bemutatták
műveit.
Scheiber itt látható önarcképe kom-
pozícióinak jellegzetességeit egyesíti:
a dinamikus expresszionizmust, az arc
elemeinek kubisztikus felbontását,
egymással szembeni, groteszk kihang-
súlyozását, a kidolgozás gyors, lázas
ütemét. Az ajkak egymáshoz feszül-
nek, a szemek szuggesztív figyelem-
mel tekintenek előre. A kihajtott inget
a művész lendületes ívvonallal min-
tázta meg.
Papír, kréta. 69 × 49 cm
J. b. l.: Scheiber H.
Ltsz.: 64.2362

228. Kádár Béla (1877–1956):
Intérieur
(XXIV. tábla)

Kádár kezdetben naturalista képeket festett. Később nagy hatással volt rá Rippl-Rónai művészete. 1921-ben Scheiber Hugóval rendezett közös kiállítást. Az 1920-as években sajátos expresszív-absztrakt stílust alakított ki. Érett korszakának reprezentatív alkotása a bemutatott, feltehetően az 1940-es években készült kép. A festményt dallamos, zenei vonalvezetés, nemes stilizáció és szürreális látásmód jellemzi; utóbbi általános vonás a művész késői munkáin. A női akt-sziluett a köré komponált, épp csak jelzett berendezési tárgyak közé illeszkedik. Az élénk színek és kecses vonalak finoman egészítik ki egymást, egységes, harmonikus hatást teremtve.

Tempera, papír. 88 × 61 cm
J. j. l.: KÁDÁR BÉLA
Ltsz.: 64.2327

229. Perlrott-Csaba Vilmos
(1880–1955):
Csendélet
(XXV. tábla)

Perlrott sokáig Matisse tanítványa volt. A fauvizmus és a kubizmus hatása alatt kezdte pályáját. Spanyol útja során El Greco műveit tanulmányozta, ez képeinek építkezésében is jelentkezett. A Matisse-nál iskolázott festő elegáns, nagyvonalú dekorativitással készítette bemutatott kompozícióját. A térberendezésében, színeiben is hiteles munka – dinamizmusa mellett – kiegyensúlyozott hatást kelt a szemlélőben. A háttér sötétebb tónusa kihangsúlyozza a tarka virágcsokor dekoratív jellegét. A cézanne-i szigor – mint Perlrott más munkáin is – lírai könnyedséggel párosul.

O. fa. 68 × 48 cm
J. n.
Ltsz.: 65.1321

230. Perlrott-Csaba Vilmos:
Lőw Immánuel a halottas ágyon

E döbbenetes grafika sok tekintetben eltér a megszokott és sajátos Perlrott-rajzoktól. Törekvése kizárólag a pontos tárgyszerűség, a hitelesség, mellyel a tragikus halál tényét és véglegességét közli. A művész a végső arcvonások pontos követését tűzte ki célul. Perlrott a fény–árnyék elosztásával, a kontúrvonalak kihangsúlyozásával erősíti fel a tragikus eseményt. Lőw Immánuelt, a világhírű tudóst 90 éves korában deportálták Szegedről. Az agg főrabbit Budapesten emelték ki a deportáló vagonból; itt halt meg. Scheiber Sándor rajzoltatta le a halottat a Wesselényi utcai szükségkórház halottastermében.

Ceruza, papír. 24,5 × 32,1 cm
J. j. l.: Perlrott Csaba Vilmos 944. VII. 20
Ltsz.: 64.2087

230.

231. *Telcs Ede (1872–1948):*
Kiss József portréja
Telcs a XIX. század végének és a XX.
század elejének egyik legnépszerűbb
magyar szobrásza volt. Kezdetben a
népéletből merítette témáit, s a kor
igényeihez alkalmazkodva zsáner- és
realista szobrokkal aratott sikert. Szá-
mos állami megrendelést kapott, több
köztéri alkotása áll Budapesten. Emel-
lett Thaly Kálmán, Falk Miksa, Puccini,
Andrássy Gyula, Beöthy Zsolt mell-
szobrát is megformálta.

Telcs Kiss József költőről (1843–1921)
készült portréján a naturalista eleme-
ket háttérbe szorítja az arc lírai meg-
mintázása: a művész a modell érze-
lemgazdag vonásait hangsúlyozza.
A mellkép a naturalizmus által oly
gyakran alkalmazott ideges és ke-
mény megformálás helyett tökéletes
nyugalmat és biztonságot áraszt.
Bronz. M.: 57 cm
J. n.
Ltsz.: 64.2156

232. Czóbel Béla (1883–1976):
Kislány
(XXVI/a. tábla)

Czóbel a nagybányai pályakezdés után Párizsban, a Julian Akadémián tanult, majd csatlakozott a Fauves-csoporthoz. Később a weimari expresszionizmus is hatott rá. Lírai és dús színezésű kompozícióinak fő témái a női test, a táj, a szobabelső, a csendélet, ezeket variálta, mindig új aspektusból, érzékeny, fülledt koloritú megoldásban. A művész ritkán törekedett a modell egyéniségének és karakterének pontos visszaadására. Ennél magasabbra tette a mércét: az arcban és testben fellelhető aránytörvényeket kutatta. A színek jelentőségét a plaszticitás erősítésére használta fel.

A bemutatott képen a kislány hajába fűzött, lazán omló piros szalag hivatott ennek festői érzékeltetésére. Czóbel művében kohéziós erő munkál, ettől tömbszerűvé és véglegessé áll össze a kompozíció, az egyedüli lehetséges megoldás nyugalmát árasztva.
O. v. 53 × 38 cm
J. n.
Ltsz.: 64.2057

233. Bálint Endre (1914–1986):
Virágárus asszony
(XXVI/b. tábla)

Bálint húszévesen jutott ki első ízben Párizsba. Itt ismerkedett meg Modigliani, Braque, Picasso és Matisse alkotásaival. Korai műveit még a fauves-hatás jellemzi, később Czóbel posztimpresszionizmusa, Vajda konstruktív-szürrealista festészete inspirálta. 1946-ban csatlakozott az „Európai Iskolá"-hoz, 1956-tól 1962-ig ismét Párizsban élt.

Itt bemutatott képén még érződik a fauves-hatás, de már a Bálintot jellemző lírai érzékenység, a kompozíción belüli egyszerűsítésre törekvés is jelentkezik. A művész színeskördtára, a festékfelrakás nagyvonalúsága, az ülő alak statikus, tömbszerű megkomponálása már a későbbi egyéni stílusú alkotót sejteti.
O. fa. 97,5 × 78 cm
J. b. l.: Bálint 45.
Ltsz.: 64.2331

234. Farkas István (1887–1944):
Balatoni emlék
(XXVII. tábla)

Farkas Nagybányán, Münchenben, Párizsban tanult. 1932 és 1943 között többször kiállította szürrealista, látomásos képeit, melyek a freudista hatást sem nélkülözik. *Balatoni emlék* című alkotásán a művész képzelt tájban jeleníti meg a főszereplőt, egy sejtelmes figurát. Távol hegyek vonulata, a háttérben tóparti sétány, talapzatos szobor, pad, beszélgető párok elmosódott sziluettje, a kép fókuszában pedig magányosan sétáló öreg hölgy látszik, arca egyértelműen halálfejre emlékeztet. Farkas a magányról és rettenetről tudósít, végletes pesszimizmussal. Képének színvilága is szorongó életérzését közvetíti. Farkas a bravúros ecsetkezelést, a francia posztimpresszionistákra emlékeztető könnyedséget állítja félelmetes mondandója szolgálatába. Az 1930 körül készült kompozíció művészileg teljesen kiforrott alkotás, a festő főművei közé tartozik.
Tempera, fa. 80 × 100 cm
J. n.
Ltsz.: 64.2341
Reprodukció: *S. Nagy Katalin:* Farkas István. Bp., 1979. XXII. kép

235. Ámos Imre
(1907–1944 vagy 1945):
Sátoros ünnep
(Zsidó férfi ünnepi csokorral)
(XXVIII. tábla)

Ámos korai művein felfedezhető a „Nabis"-művészcsoport hatása, de ezt sajátos, elmélyült líra, érzékeny hangulatok és vallásos motívumok szövik át. A színvilág pasztózus jellegével a témákhoz alkalmazkodik: opalizáló gyöngyház, finom halvány szürkék és barna színek olvadnak harmonikusan egymásba (*Kútnál, Halászasszony, Kettős portré, Öregasszony* stb.). 1937-es párizsi útja során megismerkedett Chagall-lal, aki mély hatást gyakorolt festészetére. A háború borzalmainak, saját mártírsorsának megsejtése festészetét az expresszivitás felé tágította, szimbólumrendszerét az Ószövetség motívumkincsével gazdagította.

Sátoros ünnep című festményét 1933-ban alkotta. Ekkor már elkerült Nagykállóban élő családjától: kiszakadt abból a vallásos légkörből, melyben apja és nagyszülei éltek. A kép a nagyapát ábrázolja a „Sátoros ünnep" alkalmából. Kezében az ünnepi csokor az ősi jeruzsálemi körmenet emlékét idézi, csakúgy, mint a citrus és a héber betűs imakönyv.
O. v. 80 × 60 cm
J. b. l.: Dr. Patai József Főszerkesztő Úrnak őszinte hálám jeléül, 1935. jan. 7. U. Á. I. Ámos Imre, 1933
Ltsz.: 64.2332

236.

236. Örkényi Strasser István (1911–1944):
Imádkozó fiú

Örkényi Strasser a Képzőművészeti Főiskolán Sidló Ferenc növendéke volt. 1940-ben állított ki először a Műcsarnokban. Ismertebb zsánerszobrai: *Kolduslány, Beteg leányka, Anya gyermekével.* A művész gyakran fordult a zsidó múlt és jelen ábrázolásához. Igyekezete – az érzelmi azonosuláson túl – az volt, hogy az örök érvényűnek adjon hangot műveiben. Ez a típusok megválasztására is érvényes. *Az imádkozó fiú* az ige őszinte átélését közvetíti. Az elmélyültség ábrázolása nagy hangsúlyt kapott életművében. Több alkotása bizonyítja ezt, mindenekelőtt a *Kolduslány* és a *Mózes és Áron*, melyek szintén a Zsidó Múzeumban találhatók.

Gipsz. M.: 43 cm

J. n.

Ltsz.: 64.2146

237.

237. Alfred Rothberger
(XIX. és XX. század:
Gustav Mahler-érem

Rothberger Bécsben tevékenykedett a XIX. század végén, és feltehetően Zumbusch köréhez tartozott. Az érem profilból ábrázolja a zeneszerzőt. A megszállott, céltudatos arcot romantikus megformálásban látjuk. A hátrahulló haj dinamikus hullámzását az áll éles körvonala ellensúlyozza. Az összeszorított keskeny ajak a művész koncentrálókészségét hivatott hangsúlyozni.

Bronz. Á.: 50 mm
J. j. l.: ALFRED ROTHBERGER
Ltsz.: 64.997

238. Anton Scharff (1845–1903):
Goldmark Károly-érem

Scharff a XIX. század egyik legjelentősebb osztrák éremművésze, aki megszabadította a műfajt a konvencióktól és a merev akadémizmustól. A Monarchia pénzérméinek tervezése és vésése is nevéhez fűződik.

Az egyoldalas érem Goldmark Károly zeneszerző (1830–1915) születésének 70. évfordulójára készült. A markáns, dinamikus portré pontos, aprólékos megmunkálása jól mutatja Scharff mesterségbeli felkészültségét. A részletek (haj, ruházat) kidolgozása finom összhangba kerül az arc lényeges vonásainak megjelenítésével. A tudatosan elosztott fényeffektusok hatásosan húzzák alá a profil karakterét.

Bronz. Á.: 56 mm
J. b. l.: A. Scharff
Ltsz.: 64.940

238.

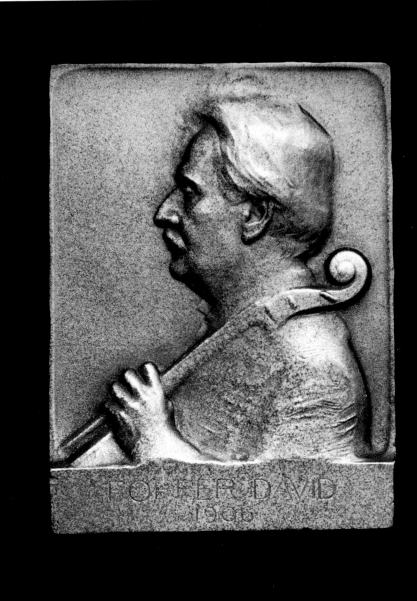

239. *Telcs Ede:*
Popper Dávid-plakett

Telcs Beck Ö. Fülöpnek s vele együtt annak a művészgenerációnak volt kortársa, mely itthon az 1900-as évek elején felfigyelt az éremművészetre. Telcs ezek közül is kiválik kitűnő kompozíciós készségével, lírájának meleg, bensőséges hangjával és a felület fény—árnyék elosztásának mesteri kezelésével.

Popper Dávid (1846–1913) gordonkaművészről készített plakettje is igazolja a fentieket. Popper, aki 1886-tól a Zeneakadémia gordonkatanszékének vezetője volt, az érmet 60 éves születésnapjára kapta ajándékba tisztelőitől. A művész bal profilban látható, ahogy hangszerét magához szorítva, elmélyülten zenél. Telcs modellje arcán a zene által kiváltott érzelmeket, átszellemültséget közvetítette.

Bronz. 50 × 38 mm

J. n.

Ltsz.: 64.932

NAMÉNYI ERNŐ
1943

**240. Beck Ö. (Ötvös) Fülöp
(1873–1945):**

Naményi Ernő-érem

Beck Ö. Fülöp a XX. századi magyar szobrászat és éremművészet egyik legkiemelkedőbb alakja. Párizsban ötvösnek készült, majd tanulmányait az École des Beaux-Arts-ban folytatta, ahol éremművészetet tanult. Korai

művei szecessziós jellegűek, később – német hatásra – érdeklődése a monumentális ábrázolás felé fordult. Naményi Ernő (1888–1958) közgazdasági író, művészettörténész, a Magyar Közművelődési Társaság főtitkára volt. Az 1943-ban készített érem a tevékeny és sokoldalú tudóst – aki hosszú ideig a Zsidó Múzeum igazga-

tói tisztét is betöltötte – profilból ábrázolja. A szoborportrészerűen megmintázott arcot a művész a koncentráció pillanatában ábrázolja.
Bronz. Á.: 60 mm
J. b. l.: Beck Ö. Fülöp
Ltsz.: 64.216

XXI. tábla. Wilhelm August Stryowski (1834–1917): Zsidó menyegző. (Katalógusszám: 222.)

XXII/a. tábla. Perlmutter Izsák (1866–1932):
Varró asszony. (Katalógusszám: 223.)

XXII/b. tábla. Fényes Adolf (1867–1945):
Szegények ebédje. (Katalógusszám: 224.)

XXIII. tábla. Fényes Adolf: Mózes vizet fakaszt. (Katalógusszám: 225.)

XXIV. tábla. Kádár Béla (1877–1956): Intérieur. (Katalógusszám: 228.)

XXV. tábla. Perlrott-Csaba Vilmos (1880–1955): Csendélet. (Katalógusszám: 229.)

XXVI/b. tábla. Bálint Endre (1914–1986): Virágárus asszony. (Katalógusszám: 233.)

XXVII. tábla. Farkas István (1887–1944): Balatoni emlék. (Katalógusszám: 234.)

XXVIII. tábla. Ámos Imre (1907–1944 vagy 1945): Sátoros ünnep (Zsidó férfi ünnepi csokorral). (Katalógusszám: 235.)

241. Beck Ö. Fülöp:
Lajta Béla-érem

Az 1920-ban készült Lajta-érem Beck portréábrázoló képességének jó példája. A profilban ábrázolt modell kemény arcélét a fény–árnyék elosztás alkalmazásával sikerült lágyítani, tónusgazdaggá tenni. A jól tipografizált felirat térbeli elosztása is kitűnően sikerült.

Lajta Béla (1873–1920) több zsidó vonatkozású épületet tervezett – így a pesti Chevra Kadisa szeretetházát, a zsidó temető halottasházát stb.

Bronz. Á.: 70 mm
J. j. l. k.: BÖF
Ltsz.: 64.898

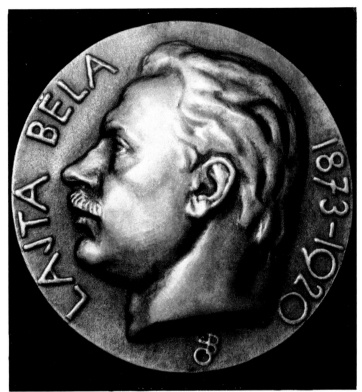

242. Gárdos Aladár (1878–1944):
Mayer Kayserling-érem

Gárdos Aladár szobrász és éremművész az Iparművészeti Iskolában végezte tanulmányait. Fő művei közé tartozik a sátoraljaújhelyi *Kossuth-szobor, Paál László barbizoni emléktáblája,* a miskolci *Deák-szobor* és *Kiss József síremléke.*

Mayer Kayserling híres rabbi és történettudós volt. Teológiai tanulmányait Berlinben folytatta. 1861-ben a svájci Aargauban lett rabbi. 1870-től a budapesti Dohány utcai templom német szónoka volt. 35 esztendőn át élt Budapesten, tudományos munkát folytatva. Gárdos modelljét szemből ábrázolja. A szinte bibliai vonású arc archaikus jegyeit a művész a szemüveg megformálásával teszi modernné. Gárdos a szakáll övezte arc szigorát, elmélyült komolyságát hangsúlyozza.

Bronz. Á.: 60 mm
J. j. k.: GA
Ltsz.: 64.934

243. Murányi Gyula (1881–1920):
Kunos Ignác-plakett

Murányi tanulmányait Budapesten, Bécsben és Párizsban végezte. 1896-tól számos emlékérmet készített (Zichy Mihály, Beethoven, Haydn, Mikszáth stb.). Több szobrát és érmét őrzi a Magyar Nemzeti Galéria. Kunos Ignác (1860–1945) orientalista, egyetemi tanár a Keleti Akadémia 20 éves fennállása alkalmából mint az intézmény igazgatója kapta a plakettet a tanári kartól. Kunos Vámbéry Ármin és Budenz irányítása mellett sajátította el a finnugor és török–tatár nyelveket a budapesti egyetemen. Később mint a turkológia magántanára ugyanitt tanított. Bejárta Törökországot, Szíriát, Egyiptomot és Kis-Ázsiát. Útjairól, utazásairól számos művet publikált.

A plakett felső részében a tudós profilja, a részletező szöveg alatt pedig az isztambuli Szulejmán-mecset épülete látható, mélyítve, a keleti kupolaformát alkalmazva elválasztó keretül.

Bronz. 68 × 35 mm
J. b. l.: MURÁNYI
Ltsz.: 64.931

244. Csillag István (1881–1968):
Grünvald Fülöp-érem

Csillag ezt a munkáját 1957-ben, Grünvald Fülöp (1887–1964) 70. születésnapjának tiszteletére készítette. Az ábrázolt a XX. századi magyar zsidóság kimagasló tudósa, jelentős pedagógus volt. Az érem tudatosan emeli ki a markáns profilt. A magas homlok, a szájvonal és a mélyen ülő szem erős összpontosítókészségű elmére vall.

Bronz. Á.: 96 mm
J. j. k.: CS. I.
Ltsz.: 64.2642

245. Csillag István:
Hevesi Simon-plakett

Csillag korának számos közéleti hírességét (Karinthy, Stróbl, Székely Mihály stb.) megmintázta érmein. Nevéhez fűződik József Attila és Frankel Leó emléktáblájának megalkotása.

Hevesi Simon (1868–1943) költő és vallásfilozófus, a Budapesti Országos Rabbiképzőben és a budapesti egyetemen nyert képesítést. 1927-től a pesti izraelita hitközség főrabbija, majd vezető főrabbija, az OMIKE alapítója. Csillag plakettje 1925-ben készült. Profilból ábrázolja a főrabbit, szigorú, puritán stílusban. Szépen megoldott az egyházi köpeny ábrázolása; a szövet hullámzása, a megtörő ruharedők érzékeltetése. A főrabbi jobb kezével a *Résit Hochmá* című tudományos művet szorítja magához.

Bronz. Á.: 60 mm
J. j. k.: CSILLAG
Ltsz.: 64.910

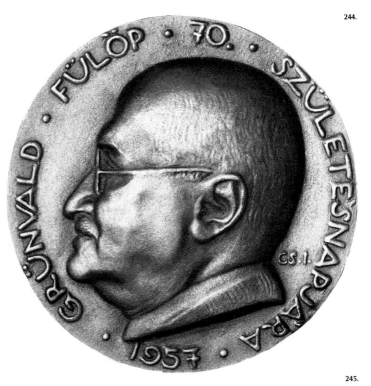

244.

245.

239

246. Garam Sándor (1882–1944):
Ribáry Géza-plakett
Garam Sándor Ligeti Miklós, majd Radnai Béla tanítványa volt. 1913-tól 1922-ig gyakran rendezett kiállításokat. 1930 után az USA-ban telepedett le.
Ribáry Géza (1889–1942) az Országos Magyar Zsidó Segítő Alap elnöke volt. Ő teremtette meg az Országos Magyar Izraelita Közművelődési Egyesület színházi kultúráját, színpadot adva a fasizmus által leparancsolt zsidó szerzőknek és művészeknek.
Az érem profilból ábrázolja Ribáryt, kissé merev, szögletes kontúrozással. A művész a profil vonalának erős mélyítésével az arc összpontosító karakterét emeli ki.
Bronz. 50 × 70 mm
J. j. f.: GARAM
Ltsz.: 64.920

247. Örkényi Strasser István:
Jacobus Mendel-érem
A Jacobus Mendelről készített érmet a művész felkérésre alkotta: az első oldal szövege szerint „A Magyar Zsidó Múzeum 1935. évi izraelita országos gyűlés emlékére" készült. Mendel *praefectus Judaeorum*ként nagy érdemeket szerzett a zsidók érdekeinek védelmében. A portré egy fennmaradt oklevél pecsétje alapján készült.
Bronz. Á.: 80 mm
J. j. k.: ÖRKÉNYI STRASSER
Ltsz.: 64.902

247.

248. Körmendy-Frim Jenő (1886–1959):
Vámbéry Ármin-plakett

Körmendy-Frim Budapesten és Párizsban tanult. Első kollektív kiállítása 1910-ben volt a Művészházban. Művei közül jelentősebbek: *Korányi Frigyes szobra, Jedlik Ányos és Eötvös Loránd mellszobra* stb. Számos plakettet készített.

Vámbéry Ármin (1832–1913) orientalista, egyetemi tanár, a török filológia kiváló szaktekintélye volt. Több fontos művében tárta fel Közép-Ázsia föld- és néprajzát, számolt be utazásairól. A Magyar Földrajzi Társaság egyik alapító tagja volt. A plakett 80 éves születésnapja tiszteletére készült 1912-ben. A tudós jobbra néző profilban látható. Az analizáló ábrázolás, a lírai megjelenítés elmélyült kapcsolatot sejtet a szobrász és modellje között.

Bronz. 60 × 60 mm
J. j. f.: KÖRMENDY FRIM J.
Ltsz.: 64.927

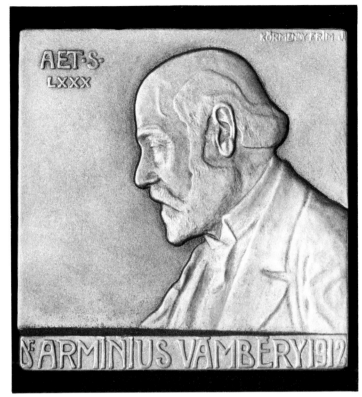

249. Tóth Gyula (1893–1970):
Joachim József-érem

Tóth Gyula ötvös, szobrász és éremművész az Iparművészeti Iskolába járt, és hosszú évekig tanult Stróbl Alajosnál. Később a Fővárosi Ipari Rajziskolában tanított. Számos hazai és külföldi kiállításon vett részt érmeivel, többek között Bécsben, Münchenben és Olaszországban.

Joachim József (1831–1907) komponista, korának világhírű hegedűvirtuóza volt. Önálló művein Schumann hatása érződik. Főbb művei: *Hamletnyitány, Héber melódiák, Nocturne.* Az érem félprofilból ábrázolja Joachimot, hegedűjét magához szorítva. A művész nagy gonddal mintázta meg az öltözéket és a szakáll övezte arc minden rezdülését.

Bronz. Á.: 60 mm
J. b. k.: TOTH
Ltsz.: 64.962

HATÁRON TÚLI MAI HELYNEVEK

Breslau	Wrocław (Lengyelország)
Danzig	Gdańsk (Lengyelország)
Kabold	Kobersdorf (Ausztria)
Kismarton	Eisenstadt (Ausztria)
Kolozsvár	Cluj-Napoca (Románia)
Konstantinápoly	Isztambul (Törökország)
Köpcsény	Kittsee (Ausztria)
Krakkó	Kraków (Lengyelország)
Lemberg	L'vov (Lengyelország)
Marosújvár	Uioara (Románia)
Modor	Modra (Csehszlovákia)
Náznánfalva	Nasna (Románia)
Németkeresztúr	Deutschkreutz (Ausztria)
Nyitra	Nitra (Csehszlovákia)
Pozsony	Bratislava (Csehszlovákia)
Rohonc	Rechnitz (Ausztria)
Tiszolc	Tisovec (Csehszlovákia)
Újlak	Neustift (Ausztria)
Ungvár	Užhorod (Szovjetunió)

Felelős kiadó: Bart István, a Corvina Kiadó igazgatója
87 0125 Kossuth Nyomda, Budapest
Felelős vezető: Bede István vezérigazgató
Felelős szerkesztő: Falus János
Műszaki vezető: Szilassy János
Művészeti vezető: Mayer Gyula
Műszaki szerkesztő: Környei Anikó
Készült 19,17 (A/5) ív terjedelemben, 1987-ben
CO 260-h-8791